气韵潇湘

我心中的管道运输

马　宁　主编

北方妇女儿童出版社

图书在版编目（CIP）数据

气韵潇湘：我心中的管道运输 / 马宁主编. -- 长
春：北方妇女儿童出版社，2021.9

ISBN 978-7-5585-5949-5

Ⅰ.①气… Ⅱ.①马… Ⅲ.①作文—中小学—选集
Ⅳ.①H194.5

中国版本图书馆CIP数据核字（2021）第186576号

气韵潇湘：我心中的管道运输

QIYUN XIAOXIANG：WO XINZHONG DE GUANDAO YUNSHU

出 版 人	师晓晖	
责任编辑	张晓锋	
装帧设计	马　佳	
开　　本	710毫米×1000毫米　1/16	
印　　张	14.5	
字　　数	200千字	
版　　次	2022年1月第1版	
印　　次	2022年1月第1次印刷	
印　　刷	天津雅泽印刷有限公司	
出　　版	北方妇女儿童出版社	
发　　行	北方妇女儿童出版社	
地　　址	长春市福祉大路5788号	
电　　话	总编办：0431-81629600	
定　　价	69.80元	

序　言
PREFACE

　　收到国家管网集团西气东输公司长沙输气分公司送来的《气韵潇湘——我心中的管道运输》的样稿，我认真地进行了阅读，感触颇多，感动颇深。

　　感动着孩子们对管道运输方式的盎然兴趣与天真描述，感受着孩子们的那种真切和认真，更感慨于"从娃娃抓起"的管道安全保护意识的重要意义，这些都让我对管道事业有了新的启发。随着时代的变迁与历史的发展，十几年来，管道保护宣传方式需要日益革新，而长久的管道安全更需要我们从新的角度开启"从娃娃抓起"的安全防护伟大工程。对于从业几十年的管道人而言，管道运输，是上天入地的大国工程、民生事业；但在孩子们眼中，保护森林的熊大熊二也可以守卫管道。孩子们的视角虽稚嫩，却充满了奇幻的想象力和探索的向往，只要我们扎根孩子们幼小纯真的心灵，就能看到管道能源企业安全生产的美好未来，就能看到祖国花朵们对清洁能源和管道运输充满好奇渴盼的无限美好未来！

　　西气东输自2005年进入湖南以来，累计为湖南供应天然气近280亿标方，相当于替换燃煤3643万吨，相当于减少有害物质170万吨，减少二氧化碳排放量1.2万吨。西气东输工程气韵潇湘，点亮万家灯火，功在当代，利在千秋。

　　十几年来，天然气管道在湖南境内安全平稳运行，这与管道沿线的政府、百姓大力支持和努力帮助是密不可分的。此次作文比赛也得到了湖南省能源局、岳阳市、长沙市、株洲市、湘潭市等能源主管部门及教育部门的大力支持，参加活动的学校师生更是付出了大量的精力，在此我代表国家管网集团西气东输公司表示由衷的感谢！这本书的出版，既能帮助孩子们提升阅读和写作的兴趣，更能帮助孩子们认识天然气管道安全的重要性，让西气东输走进千家万户，为管道保护提供新生的源动力。这种精准宣传，提升了管道保护宣传的效果。期待今后我们会和学校多组织此类活动，为构建管道安全做出贡献，为中国天然气管道事业发展谱写新篇章。

祝愿孩子们学习进步，永葆童心，创造美好人生！

国家管网集团西气东输公司党委书记　张文新

二〇二一年六月十八日

目　录
CONTENTS

1

沩山镇中心小学五年级二班　刘　旸
爱好：学习、做东西、练字等

1. 我心中的管道运输

地球是人类共有的美丽家园，是人类赖以生存的自然环境。可是，随着科技的发展和时代的进步，环境污染、交通堵塞、生态恶化愈加严重……目前的环境状况已恶化到相当严重的地步，于是，一个新的发明——管道运输应运而生。

什么是管道运输呢？我翻阅资料，详细了解到了这个神奇的"发明"。管道运输是用管道作为运输工具的一种长距离运输液体和气体物资的运输方式，可省去水运或陆运的中转环节，缩短运输周期，降低运输成本，提高运输效率。我们国家目前已建成大庆至秦皇岛、胜利油田至南京等多条原油管道运输线。

除了这些，我还了解到，管道运输甚至还可以运送包裹、汽车等，管道还可以除臭……这天晚上，满脑子管道运输的我在梦里也和未来的管道运输"见面"了：在我的梦中，管道可以运输人。熊大熊二除了保护森林，又肩负起保护管道的艰巨任务，就连奥特曼在打怪兽之余都会关注管道运输的安全……有一天熊大和翠花结了婚，生下了小熊宝宝"熊三熊四"。每当熊二慌张地喊道："光头强又来砍树啦！"熊大熊二还有翠花就能带着熊三熊四一起躲进管道里。在我的梦中，管道运输还可以定位，知道光头强在哪里，甚至可以以飞一样的速度到达目的地。熊大熊二回家后又需要面对一个大怪兽——"数字怪兽"，这个怪兽很厉害，它最擅长用数字谜题来迷惑你。这时，管道运输就派上了大用场：奥特曼搭乘管道瞬移到此来保卫地球。但是数字怪兽可不是吃素的，它使出绝招——终极数学难题将奥特曼"谜"得团团转，幸亏聪明的哆啦A梦知道了这个消息，从四次元宝袋里拿出了一个特别聪明的机器人，通过管道运输及时来到森林里破解了怪兽的谜题，拯救了世界。

目前管道运输解决了交通上的问题，但是在我的梦中，管道运输还能解决世界难题和星球大战呢！我想，要想让管道运输发挥这样的用处，保护管道是我们势在必行的一件大事，未来，我相信人们一定会开发成更多管道运输的新奇特功能！

💡 点评：

作者的本篇文章，虽然很完整地表达出了管道运输的发展、优点和特点。但是开篇过于冗长，主旨不够突出，可以直接通过环境污染、交通堵塞来引出管道运输的应用，不需要有过多的赘述。

中间部分的内容过于死板，只是单纯地搬运知识，做出科普。文章不够生动形象，没有吸引力，无法很好地吸引读者的阅读兴趣。可以用更为生动趣味的语言，加上比喻拟人等修辞手法之类，让自己的语言变得富有感染力，更加打动人心，更加具有趣味性和可读性。

中间部分虽然引用了许多卡通人物，比较富有童趣，但是由于前文内容过于严谨，导致整篇文章的基调变化很大，没能做到很好的统一。而且在引用卡通人物的时候，作者可以通过他们的所作所为更好地凸显出管道运输的好处和优点，这样在前后文之间的衔接上可以做得更好，让文章读起来更加流畅。

在结尾的点题扣题上，作者没有做到回扣文章的主题，只是发出了自己的期待，没有与"我心中的管道运输"相联系，如能更深刻地描写一下会更好。

指导老师：文轶群

沩山镇中心小学五年级一班　黄心怡
爱好：看书、画画、做手工、打羽毛球

2. 我心中的管道运输

　　大家是否和我一样曾幻想过穿越时空呢？想穿越到春秋末期亲眼见见孔老先生，又或者想要瞬移到未来看看科技社会的样子。今天让我来实现你的梦想，利用管道运输让你穿越时空。

　　这个"时空管道"用的材料可不一般，是由从2074年带回来的"隐形玻璃"制作而成的。管身是全透明的，人们看不到，却能摸到，既能起到保护的边界作用，也不会影响人们的视野。正常管道约有3米高、4米宽，管道的右边有一个绿色的按钮，绿灯一亮代表着运输的开始。说了这么多，想必大家也摩拳擦掌跃跃欲试了吧！让我们一起按下绿色按钮，一起去2078年体会管道运输之妙吧！

　　2078年的"时空管道"能把我们带到宇宙中去。宇宙上有一颗时光星便是时光的大门，走进去就能到你想去的年代。2078年的世界有很多奇妙的东西：汽车是在管道里面行驶的，并且十分人性化地按照车辆的大小分成三个管道，最大的管道宽得能够容许奥特曼大战，是专门设计给超大货车行驶的；第二个小一点的是正常大小，是小汽车行驶的；第三种管道比起前两种规格的管道只能算作"袖珍管道"了，是摩托车行驶的。不同大小的管道将不同体积的车分门别类，各自在合适的管道中行驶，交通运输因此便捷了不少，我们再也不用担心早读课迟到啦！

多亏了这些管道，过年回家总是买不到票的人们不再担心！一个个排好队进入一个个箱子里，箱子通过管道就能把我们带去世界各地。值得一提的是，通过管道交通从北京到美国纽约只需要30分钟，由此你知道速度有多快了吧！不仅如此，管道运输的箱子里还有足够的光线可以让我们看书、吃零食……管道运输既满足了我们对交通工具速度的要求，也实现了我们对娱乐的追求，我想就算是叮当猫来到2078年也得为此而惊呼！

当然，我们的快递怎么能"缺席"管道运输呢，有了管道，你从任何一个手机软件里面买东西，下单后只需要3分钟就可以快速送达目的地，实在是太方便啦！

管道运输在2078年大大便利了人们的生活，想到这里我十分开心。你想快点来到2078年体验时空管道吗？让我们共同期待未来的到来，期待管道运输创造更多的奇迹。

💡 **点评：**

作者的本篇文章富有童趣，角度比较新颖，通过穿越的方式来描写管道运输，但是并没有很好地体现出管道运输的特点。通过穿越到2078年之后的描述，只是表现了它的速度快一个特点，还可以从更多的方面来表述，不要局限在这一点上，要做到更加全面。

文章的语言不是特别的生动，如果能够加以修饰会更好，如通过运用修辞手法，增强语言的美感，增强文章的童趣，从而让文章更加具有吸引力，吸引读者的阅读兴趣。

另外，文章的结尾部分也不够深入，没有回扣主题"我心中的管道运输"，虽然发出了呼吁，但是不够深刻，不能打动读者，建议用更好的方式表述。

指导老师：李　国

沩山镇中心小学五年级一班　文梓妍

爱好：读书

3. 未来的管道运输

　　现在的管道能运输气体和液体，而我想要制造可以把人和信息运送到过去或未来的管道。

　　在设计制造这个管道的前一天晚上，我就心潮澎湃。第二天凌晨三点，我便开始研究图纸。我花了一天的时间冥思苦想，直到晚上相关部门才进入管道的制造环节。此处我将略过制造过程中的种种不易，开始介绍这个管道。

　　这个管道运用了纳米技术，可以时刻保持空气的清新，而且它不仅比铁结实百倍，内部宽敞明亮，还跟一本语文书一样轻哦。它与别的管道有一个最显著的不同之处就是它有一个特别的名字——"为别人着想"号。"为别人着想"号有很多奇特的功能：第一，它可以传递信息给任意时空的人；第二，它允许使用者穿越到任何一个地方，更妙的是，"为别人着想"号可以根据你所到的不同时空为你准备不同的服饰。假如你选择的是古代，那么一套合身的古装便会如大变活人般惊喜地出现在你的面前。现在我带大家去体验一下吧。

　　现在，我正在写信给2016年的妈妈，那时我刚进小学一年级，还没能很好地适应学校的环境，妈妈为了照顾我，每一天都需要早起晚睡，十分辛苦。在信中我是这样写的："2016年的妈妈，您好！我是2020年的文梓妍，我想告诉您，这些年我没少让您操心，时不时惹您生气，您辛苦了！以后的我将会变得越来越优秀，用来回报您对我的付出。"说完我就把信折好放到了管道，一秒后我便收到了回信。值得一提的是，这个管道的速度堪比光速，最长的等待时间不会超过三秒。2016年的妈妈是这样回信的："亲爱的女儿，收到你的信我既惊奇又高兴，妈妈很高兴你的变化。"妈妈的回信很短，可能是比较忙吧。

接下来我开始乘坐"为别人着想"号，我把转盘转到了2010年，管道门关闭，管道内不仅有网络、床和服务系统，还有图书馆、阅览室等。为了满足不同乘客的需求，管道内部还设有游泳馆、羽毛球馆等休闲场所。如果你衣服湿了，刚好没带衣服，"为别人着想"号就会为人们提供衣服。2010站到了，我一下车，发现自己身处医院，震耳欲聋的声音划破宁静，我转过身看见年轻的爸爸在走廊着急地走来走去，我恍然大悟：原来是妈妈在生我。啊！我出生了（因为我是穿越过来的，大家都看不见我）。我第一个冲进去，想看看我出生的样子，但却看见了在鬼门关前走过一圈疲惫不堪的妈妈，顿时我的心里很不是滋味……我逃也似的回到了现在的年份。现在我知道妈妈是怎样不易地生下我的，在这里我要对妈妈真诚地说一声："妈妈，您辛苦了。"

我想：在不久的将来，我设计的管道运输便会投入使用，造福更多的人。

点评：

文章运用奇思妙想将自己对未来的管道运输的构想刻画出来，但是文中的第二、第三段一部分内容与主题关系不大，建议简练其语言。在部分情节中也存在不合情理和逻辑的地方，还需要仔细斟酌。语言上存在描写过于平淡等问题，需要增加描写的手法与角度。最主要的问题出现在结尾主旨升华处，结尾的主旨升华明显已经偏离文章主体内容，需要做较大的修改。

指导老师：李　国

沩山镇中心小学五年级二班　杨子欣
爱好：看书、打羽毛球

4. 我心中的管道运输

　　地球本是个美丽的蓝色星球，但是由于人类的破坏，导致我们的家园环境恶化，交通堵塞，四处暗藏危机。但是多亏了科学技术突飞猛进，为了让交通不再拥挤，环境问题得以解决，科学家们发明了一种特殊的管道。

　　这个管道直径为两米左右，长度达到一千米，虽然体积庞大却使用便捷。这个管道不仅什么都可以运输，还可以把物品运输到太空上，既方便，又能造福人类的生活。

　　每一代地球居住者都会推选出一位管道守护者，这一代轮到了赛罗·奥特曼。有一次，熊大熊二突然发狂了，背起大树就往管道砸去，幸好管道坚固，管道守护者奥特曼也及时赶到，把熊大熊二押送回大森林，这才没有造成严重后果。

　　不久之后，火山爆发，整个世界陷入了灾难，这时，聪明的喜羊羊想出了一个好办法：通过管道运输把造成危害的岩浆运送到无生命迹象的火星上去，这样美丽的地球就安全了，这个办法得到了大家的一致赞同，最后也成功地完成了，拯救地球于水火之中。

　　这样平静的生活并没有维持多久。在一个风和日丽的早晨，外星人入侵地球，打破了美好的和平生活。正在地球处于死亡的边缘时，管道里发出一道光芒，原来是勇敢无畏的功夫鸡通过管道运输来了，利用它的金蛋把外星人赶出了地球，地球居住者们欢呼雀跃，生活重归安宁。

但是经此一役，外星人知道了管道的神奇本领，就准备发射导弹来破坏地球上的管道系统。幸好奥特曼料事如神，早就预料到外星人不会善罢甘休。奥特曼和猪猪侠通过管道一起前往外星，攻其不备阻止了他们邪恶的计划。

之后，管道运输的科技持续发展，甚至已经能够满足人们到月球上旅游的愿望……在我心中，管道运输的可能性是无限的，它给我们带来了许多方便，但是我认为我们绝不能依靠科技破坏环境，我们要坚守爱护环境、爱护地球的初心来发展管道运输技术。

💡 点评：

文章发挥奇思妙想，设计了多个卡通人物来讲述故事，构想了未来的管道运输会是怎样的神奇模样。整篇文章最大的问题在于语言的表述上。文章在表述过程中语言不够系统化，逻辑十分混乱，多处存在前因后果交代不清的地方。语言赘述过多，在生动性上也做得不够到位。部分与主题关联不大的无意义的表述可以全部删除。另外，结尾处的主旨升华可以更出彩。

指导老师：文轶群　李　国

沩山镇中心小学五年级二班　张曾星
爱好：看书、幻想

5. 我心中的管道运输

　　我们生活在一个美丽的星球上，但随着人类的过度开发，地球富有的资源日益匮乏，我们生活的环境遭到很大破坏，人类正面临着诸如交通堵塞、空气污染严重等问题。这些问题会带来一些不好的后果，如交通拥挤会造成包裹的延迟，给人们的生活带来不便；空气污染更会危害人类的身体健康，严重时会让人患上癌症。面对这些问题，为了让人们的生活更幸福，我大胆利用了便捷快速的管道运输，创造了新的管道运输方式。

　　管道运输在地下进行，我利用编程提前设计好管道运输的周期，给人类带来便捷。例如，垃圾车可以周而复始地把地面上的垃圾通过管道运输运到地下，以减少空气污染，确保空气的清新。更重要的是，我设计的管道运输还可以进行垃圾分类：在运送垃圾之前，小小的机器会先将垃圾分类，其中一类是果皮垃圾，它们会被传送到农民伯伯的田里，它们慢慢腐烂变成肥料，为植物提供营养，让我们吃的粮食瓜果更鲜美；还有一类是可回收垃圾，它们经过搅碎之后会被送到回收工厂，做成纸等其他材料供我们回收再利用，滥砍滥伐森林的行业将被杜绝，起到了保护环境的作用；剩下的废电池等有害垃圾，我们将它们运输到岩浆里面，利用岩浆的高温高压环境将其溶解。

　　除了在垃圾处理方面有很大的用处外，管道里的小车还可以运送包裹。小白车在地下不会喷出二氧化碳这类温室气体,大大改善了汽车尾气的污染问题,起到了保护环境的作用。考虑到安全问题,我还安排了熊大熊二这些强壮的森林卫士,从此它们不仅需要保护树木,还需要肩负起保护管道运输安全的重任。

你看,有了管道运输,是不是许多麻烦都迎刃而解了?你喜欢管道运输吗?我希望我的梦想可以成真,让我们的世界更清洁美丽,让我们的生活更幸福美好。

☀ 点评:

文章很有奇思妙想,为管道运输设计了许许多多不错的功能,但是全篇文章的语言表述问题很严重,主要体现在前后因果颠倒表达不清、语句不通顺、情节不合理、语言过于赘述以及表述过于口语化上。并且多处句子使用了过多的逗号,这是非常没有必要的。建议在下笔前要认真思考,合理安排文章的情节分布,打好提纲后再动笔。另外,还需要注意与文章主题无关内容的删减。

指导老师:文轶群

沩山镇中心小学五年级二班　周筱磊

爱好：看书、画画、唱歌、做简单的
实验、思考问题

6. 我心中的管道运输

　　我心中的管道运输是多种多样、奇特而又便捷的，让我来为大家介绍一下吧！

　　现在的管道运输已经可以做到省去水运或陆运的中转环节，缩短运输周期，降低运输成本，提高运输效率。而在我心中，未来的管道运输形式会更多样。其中，更加便捷的交通就可以通过管道运输来实现。

　　对于货物运输的交通，我们可以把货物密封装在一种特殊的箱子里，再把它们放到管道站，达到如子弹飞速运动的效果，并且管道站还可以自动接收各种货物。通过这种方式，我们的货物运输不仅高效率，还因为特制的箱子而变得更加安全。在我的构想中，未来的科学家已经探索到岩浆中有着许多不可思议的能量，所以我还设计了一个管道是用于运输岩浆的，利用岩浆可以节省许多不可再生资源，达到保护环境的效果。

　　对于移动交通，我心中还有一个更奇特的构想——大号巨型管道。在未来，我们的科学家通过对黑洞和宇宙的了解和探索，发明了运输速度像光一样快的大管道来满足人们移动的需要。我们再也不用到处修路了，学生上学再也不用父母接送了。人们坐着各种各样的智能管道，只需要下达命令就能到达自己想去的任何地方。早上你对它说，我要去南极欣赏美景，眨眼间你便能到达白雪皑皑的南极；中午你说要去海上看大鲸鱼，不消一刻，咸湿的海味便会扑面而来，晚上你想着去月亮上数星星，几秒钟时间便已经登陆月球。有了大号巨型管道，我们可以尽情地游览全世界。我们还可以开着飞船去火星上采集能源，为人类科技做贡献……

　　我心中的管道运输能解决目前人类生活中许许多多的不便利之处，我想只要我们坚持不懈，梦想总有一天会实现！

💡 点评：

　　文章题目为《我心中的管道运输》，本应该着重于描写自己心目中的管道运输的模样，却花了浓重的笔墨介绍目前管道运输的现状与发展趋势，这是完全赘余的部分。在构想自己心目中的管道运输时，小作者充分地发挥了奇思妙想，这是很好的，但是文章的表述语言也好、结构也好，欠缺一定的系统性，句子与句子之间的因果或承接关系很弱，常常有由一得出十的结论，这些都是需要调整的。另外，还需要注意文章中屡次出现的病句问题。

指导老师：文轶群

澧县弘毅学校四年级三班　宋睿洁

爱好：阅读、画画

7.寻 宝

周末，我的时间总是被占据得所剩无几，进行的活动无非是写写作业、看看书、照顾照顾弟弟。周周重复，毫无趣味，这个周日，我想要做出一些改变。

周日的天空正在上演着"悲剧"，不一会儿就"号啕大哭"起来。这场大雨，它不仅冲刷着暴露在雨中的万物，也冲刷着我那颗平淡却想冒险的心。

我站在窗边，看到雨幕中的一角菜园，大白菜们身穿厚厚的棉外衣，叶子绿油油的，茎晶莹剔透得水亮；而橘树那边，有一颗橘树被一丛嫩绿的、似梅花样的小草围着，风一吹，小草摇摆起来，十分美丽与和谐。我顿时萌生了要去小菜园中"寻宝"的想法。强烈的想法驱使我立马付诸了行动，我穿着雨鞋，蹑手蹑脚地进入了雨中稍显泥泞的菜园，弟弟也随我而来，为在雨幕下的我撑伞。

其实"寻宝"，只是我想把发现的形态优美的花草种在我书房的花盆里，为我的书房添些生气。

我径直走去，在菜园里发现了一种特别的小草，它的红茎十分引人注目，碧绿的叶片上还挂有几颗"珍珠"，这副美丽而又娇滴滴的场景让我的心为之一动，我不禁吟起"可怜九月初三夜，露似真珠月似弓"的诗句。待我蹲下细看，它的叶子是红色呈锯齿形的，根是红色的。风一吹，小草好像一位少女正在伴着音乐舞蹈。我小心翼翼地把它挖了出来，它的根竟足足有我三根手指加起来那么长呢！

过了一个上午，我在菜园里寻寻觅觅，终于把我想要的植物都挖了回来。你瞧，我的袋子鼓鼓囊囊的，就像一个胖子，怎么也拖不动，我费了九牛二虎之力才把它们栽进花盆里。啊！我的房间顿时绿意盎然。

每天的生活内容多有重复，难耐枯燥时不妨为自己安排一场"寻宝"活动。有时，我们只要做生活的有心人，便可以获得无穷的乐趣。

💡 点评：

文章结构简洁，脉络清晰，内容充实而有趣。字里行间引用不少典故和比喻、拟人的手法，可以看出小作者有较好的叙述能力和文字基础。但是文章伊始处似乎没有进入状态，做了不必要而又自相矛盾的交代，需要做一定的修改。另外，在行文中对"我"的心理描写略有不足，还需改进。结尾处再次扣紧主题稍作升华即可。

指导老师：刘香珍

石桥小学六年级 杜子如

爱好：阅读、写作、画画

8. 我心中的管道运输

　　我心中的管道运输是可以运送许许多多东西的，如石油、动物以及其他物体。其中，我最想实现的，也是最特别的便是管道运输动物们的小宝宝。

　　在绿油油的森林深处，地下埋藏着一个神奇的管道。这个管道与其他运输货物的管道几无差别却又与众不同。同样外观的管道里面运送的是动物们的小宝宝，管道的一头连接着动物妈妈们的肚子。当小宝宝们从起点出发，通过管道，管道给予它们营养物质和能量，到了终点时，小宝宝们已经拥有了独自生存的能力。这时小宝宝们会找到大门，当它们顺利地通过大门，就来到了这个美妙的世界上。通过这个管道运输，许多本来在严苛的自然环境下无法存活的动物小宝宝们都能够抵御恶劣的环境，最终活下来。我想要利用这项管道运输技术来拯救濒临灭绝的珍稀动物。

　　一天，森林里来了一个机械怪兽，它为了找到神奇的管道运输，在森林里到处搞破坏。森林卫士熊兄弟得知后一致决定：要拼尽全力，一定不能让怪兽破坏管道。怪兽拥有着扫描仪，因此，它们不费吹灰之力就找到了管道所在的地方。可是机智勇敢的熊兄弟料事如神，早就搬到管道附近住了下来。怪兽自认为比两头熊更加高大，打起架来一定占优势，没有多想就没头没脑地向管道冲去。不料，熊兄弟早就布下了陷阱。怪兽被绳子捆住后才知自己中了计，它露出了自己的尖牙利爪，虽然把绳子割断了，却也让自己受了伤。怪兽气急败坏、垂头丧气地跑远了。

但是怪兽并没有就此罢休，它为自己升级了不少新的功能，准备这一次好好地教训熊兄弟。它吸取了上一次的教训，不那么粗鲁，小心翼翼地躲开了所有的机关，到了管道运输埋藏的地方。熊兄弟因为疏忽来迟了，它们到来的时候，怪兽已经开始在挖土了，这让原本平稳的管道内变得摇摇晃晃，里面的小宝宝们感到惊慌失措，人们只好加快了运输的速度，这就引起了一些宝宝早产而身体不适，一时间森林里充斥着宝宝们不安的哭声。眼看怪兽就要把管道破坏了，说时迟，那时快，天公打起了鼓，雨水一滴两滴地落下来。由于怪兽的身体是机械组成的，遇水则死机。最后在老天的帮助下怪兽没能将管道破坏，动物宝宝们也都顺利出生了。

动物宝宝们来到了这个奇妙的世界，它们不断地成长，不断地探索这个世界。我相信，它们也会像熊兄弟一样保护管道运输，吸取曾经的教训，做好迎接更多动物宝宝的准备。

💡 点评：

文章富有奇思妙想，提出了一个很特别的管道运输：运输未出生的动物宝宝们。抛开医学上的问题，这是一个很独特的题材。中间部分增添的熊兄弟的守卫以及怪兽的破坏都很有趣。但是需要注意的是，文章在开头的情节设计部分有些许不合理，在语言表述上文章还有很大的不足，句子之间的衔接也十分微弱，在语言的生动性上也还有很大的进步空间。另外，在文章结尾处的主题表述上还可以升华得更好。

指导老师：李惠花

石桥小学六年级　游天悦

爱好：阅读、写作、做手工

9. 奇妙的太空运输管道

2900年，随着地球上的人口暴增，地球现存的资源及空间已经无法支撑人类的日常消耗。我们一家也和一部分人一样通过太空管道被运输到了外太空。

我们到达的星球是M星，M星上有一座非常大的金字塔型城市，它就是我们要去的新家所在地。一进大门，便有一个人通过管道运输精准无误地停在了我的面前。据他自我介绍，他是我的管家，将带领我们了解M星上的构造和生活方式。他首先向我们介绍的是星球上的交通工具——飞船。这种飞船的性能非常好，只要你叫一声"飞船"，它就会通过隐形运输管道来到你面前，你只需要说一下你要去的地方，它就会通过隐形运输管道飞到目的地。多亏了这特别的交通方式，科学家们在管道中设计了尾气吸收装置，能够完全地将飞船排放的尾气吸收处理，以保证星球上的大气环境干净无污染。

正在管家介绍之时，我便跃跃欲试。我通过运输管道去到了我们的家——大别墅。大别墅的门是最奇特的，要是主人从外面回来，门会说："欢迎主人回家！"然后自动开门。要是有客人来拜访，而主人又不在家，门会说："对不起，主人不在家，请您改天再来！"但如果是可恨的小偷妄想行不法之事，那门可不会"怜香惜玉"，它会把小偷吸到运输管道里的防盗空间里，然后送交到太空公安局，让小偷接受法律的制裁。

在科技的帮助下，管道能运输汽车、货物甚至是人类。太空中的管道运输可真神奇呀！

💡 **点评：**

文章奇思妙想，针对地球上的环境以及资源问题提出人类旅居外太空的故事，整篇文章内容有趣充实，可是却偏离了主旨管道运输。由题目我们可以得知，管道运输才应该是文章的主要内容，但是这篇文章却只是把管道运输作为讲述太空其他景观的一个辅助工具，偏题严重，不论是主要内容还是最后结尾处的主旨升华都需要进行较大的更改。

指导老师：李惠花

澧县弘毅学校六年级一班　宋　曾

爱好：阅读、弹吉他

10. 给叔叔的一封信

亲爱的叔叔：

　　您好！

　　今天我怀着无比激动的心情来写这封信，很高兴能利用这个机会把家乡那翻天覆地的变化告诉您。

　　我听爸爸妈妈说，您是1999年离开家乡的，在广州定居后，很少回来。这些年里，家乡在飞速发展着，从县城大街到乡村小巷，变化都随处可见，旧貌早已换新颜。

　　其中变化最大当属我们的居住环境。美丽城镇的创建让道路变宽、变平坦了，平房早已不见踪迹，取而代之的是鳞次栉比的高楼拔地而起。城市的白天花团锦簇，绿树成荫；夜晚华灯初上，熠熠生辉。随着文明城市、文明乡村的创建，人们的素质也高起来了。那天是周六，我和奶奶去姑姑家，要经过一个红绿灯路口，红灯还有两秒就变绿灯了。这时，有个八九岁的小孩火急火燎地忽略红灯，想赶时间冲过马路，随行的可能是他的爷爷吧，一把抓住他严厉地训斥："现在还是红灯，马上就变绿灯了，宁停三分，不抢一秒，记住了吗？"我顿时惊讶极了，想不到老人还有这样的安全意识。再看看周围过马路的人，大家都在等待，没有一个抢着过马路的。回想从前路上许许多多罔顾交通规则的行人，现在的行人自发走斑马线、人行道，汽车出行也遵规守纪，礼让行人已成为一种自觉行为……真是今非昔比啊！

更让人可喜的是，现在人们总自觉地把垃圾扔进垃圾桶，为了保护环境，城市开始推行垃圾分类，大街小巷再也没有垃圾堆积。幸福和谐的生活随处可见：看，广场上起舞的大妈，公园里打太极的大爷，河畔散步的帅哥靓女……男女老少都以饱满的热情感受着新生活。

爸爸告诉我，过去的学校教室简陋，泥地的操场总是尘土飞扬。而现在，一进校园，映入眼帘的是宽阔干净的校道、明亮整洁的教学楼、绿草如茵的操场、花园式的绿化……这些都让人赏心悦目，也无一不体现着国家对教育的重视。当年教育专家们提出的网络教学、远程教育、优质资源共享的构想早已实现。我们学生们的德、智、体、美、劳得到了真正意义上的全面发展。看，我们是多么幸福的一代。

好了，就聊到这儿吧。祝您身体健康！工作顺利！也祝愿家乡越来越繁荣！

您的侄儿：宋曾
2020年11月12日

💡 **点评：**

文章叙述能力较好，以第二人称来给亲人写信，语言亲切得体，整篇文章总体上的结构十分简单，脉络也很清晰。但是美中不足的是，文章在个别段落上的叙述欠缺系统性，这让语句略显混乱。另外，还需要删除文章中一小部分过于突兀的内容，完善文章的逻辑性，提高语言的优美性和连贯性。

指导教师：彭妍慧

武连小学五年级　刘晨菡

爱好：读书、运动

11. 谨慎用火，防患于未然

火，能给予人光明；火，能带给人温暖；火，能帮助人烹饪。然而，火，也能吞噬一个个生命。

火是人类文明的象征，我们每天的生活都离不开火。但是如果我们对火运用不当，引发了火灾，就会给人们的生活带来巨大的灾难。火不仅仅会烧毁我们的财物，还会伤害我们仅有一次的生命，给家庭带来巨大的痛苦，给社会带来沉重的负担。

古言道："火善用之则为福，不善用之则为祸。"俗话更是说到了水火无情。火灾不会对悲惨的人们心软，在火灾中我们想要自保就必须掌握以下这些逃生方法：首先，面对突发火灾，我们应立即拨打119火警电话，并在报警的时候清楚交代火灾发生的地方、报警人的名字和火势的大小。其次，如果火势尚小，我们可以用湿手巾或湿毛毯披着身体冲出火圈。要特别注意的是，在我们逃生时务必逆风而行，并用湿纸或湿毛巾捂住口鼻，以免中毒。最后，如果火是由门口入室的，我们就应该从窗户或阳台逃生，住在楼层较高的人，可以将绳索或床单撕成条状前后相接，将一端紧紧拴在固定物上，再顺着往下滑，以达到逃生的目的。

"祸在一瞬，防在平时"这一名句中蕴含着不少的哲理，火灾逃生的知识虽然简单，但是能在危难之中拯救我们的生命。让我们从平时做起，珍爱生命，注

21

意防火，增加自身防火知识的储备来应对灾难的发生，维护自身和他人的生命安全。

💡 点评：

　　文章叙述能力较好，文字基础也不错，在行文中多次使用名句，语言有很强的说服力。通过文章的介绍，读者能够了解到不少的火灾逃生知识。但是文章还是有一些缺点，如开头处的表述失真和后文多次出现的语句之间连接词使用不当等问题。另外，为了提高文章的整体质量，还需要多注意语句之间的递进关系这类小细节。尽量不要在行文中出现简单分几点叙述的情况，最好要用连接词将这些内容恰当地衔接成句子或段落来表述。

指导老师：吴　霞

武连小学五年级　潘紫妍

爱好：读书、写作

12. 消防安全

火，变幻莫测，功能奇多。黑暗时，它为我们照亮前方的道路；冬天里，它给我们以温暖的拥抱；生活中，它让我们品尽天下美食。然而，火也是最无情的。它可以将隽秀如画的江山在谈笑间灰飞烟灭，也可以将充满活力的生命在眨眼的功夫中活活吞噬。

如今，人类的生活条件越来越好。夏天，天气炎热，我们用空调来驱散酷热；冬天，天寒地冻，我们可用电热炉来获取温暖。这些电子设备固然为我们提供了很大的便利，但在这种情况下之下却可能隐藏着重重危险，稍有不慎就会引发火灾，所以，我们一定要储备一些在火灾面前应急的方法。

第一，假如楼层已经着火，火势并不十分猛烈时，可披上用水浸湿的布和床单，迅速从所处建筑逃离，躲到一个安全且空旷的地方。

第二，在平时生活中，不埋压、圈占、损坏、挪用、遮挡消防设施和器材。

第三，假如居住处为多层建筑，当发生火灾，火势已经相当猛烈时，可利用房屋的阳台、落水管或竹竿等物品逃生。

火，能带来幸福，也可能带来灾难，只有我们注重消防安全，从自己做起，才能与火和谐相处。

💡 **点评：**

　　文章叙述能力较好，善用排比与比喻的修辞手法，但是在行文中常常出现前后矛盾的情况，这是一定要修改的。在语言表述上，文章还存在多处因果关系归纳不当、前后句子衔接不当的情况。除此之外，还需要注意病句和错别字、词语搭配不当、词语使用颠倒等这些基础问题。

指导老师：吴　霞

武连小学六年级　潘杨娇

爱好：手工、写作

13. 消防演练

　　今天，我和同学们来到学校准备上课，忽然学校里来了好多的消防员叔叔。全校同学都议论纷纷，疑惑他们此行的目的。我无意间注意到了几名消防员叔叔的手——触目惊心，几乎布满伤痕，像是被火烧过似的。

　　很快，上课的铃声响了，班主任走进教室为我们揭开了谜底："今天，五、六年级要进行一次消防演练。听到警报声，请立刻抱头排队，并有序地下楼，不要推挤，也不要拿任何东西，到了楼下离建筑物远一点的地方，要自行围成圈并蹲下抱住头。"老师的话音刚落，广播就传来一阵"唔~唔~"的警报声，我们立刻按照老师所说的抱头下楼。

　　我们刚到楼下排好队伍，一位消防员叔叔就过来向我们讲解消防知识："首先，每一位同学都要牢牢记住火警电话是'119'；其次，发生火灾时最重要的是我们的人身安全，而头部是最容易受到伤害的身体部位，所以逃生过程中我们一定要抱头；再次，如果地震引发了火灾，在火势尚小的情况下可以将毛巾打湿后捂住口鼻，以保证我们的呼吸顺畅，同时也可以避免因吸入大量的烟雾而中毒身亡；最后，在日常生活中，我们还要提高防火意识，时刻警惕，做到不边充电边使用手机、电脑这类电子产品，更要充分认识到玩火的危险性，遵守无论时候都不能玩火的原则。"

　　这位消防员叔叔刚说完，另一位消防员叔叔又教会了我们灭火器的用法。灭火器使用步骤有五个字：看、提、拔、瞄、压，它们的具体内容是：看干粉有没有过期，看压力表指针是否在绿色区域；提起灭火器；拔下安全销；瞄准火苗根部；压下手柄，一压到底对准着火物体，直到火焰完全熄灭。同学们都听得很认真，在消防员叔叔演示过一遍后大家都跃跃欲试，叔叔们也给了我们每个人一个机会去亲手操作了一番。

　　在这场消防演练中我学习到了不少与地震、火灾相关的知识。最后我想说："同学们，我们要认真记住今天所学的内容，珍爱生命，注意防火，绝不玩火，给予父母老师一份安心。"

💡 **点评：**

　　文章有较好的叙述能力，开门见山按照时间顺序讲述了学校里的一场消防演练，在叙述中选取了许多他人难以发现的细节来描写，角度特别而又独到。美中不足的是文章的叙述语言，除去不够生动外，还出现了多处病句和词语使用不当的问题，在表述失误的个别句子上还需要进行一定的修改。

指导老师：易琼红

武连小学六年级　潘毓婧

爱好：读书、运动

14. 火灾逃生

　　火灾是什么？火灾是指失去控制的燃烧所造成的灾害。每年世界各地都会发生许多火灾。火灾不仅会损坏我们的财力物力，更会造成许多家破人亡的悲剧。那么，我们如何才能在火灾中逃生呢？

　　秋冬季节气候干燥寒冷，人们会依靠电炉火、煤火、柴火来取暖。取暖设备虽然解决了人们对温暖的需求，却常常会在人们粗心大意、忘记关火时引发火灾。也因此，秋冬是火灾的频发季。

　　如果发生了火灾，火不太大时我们可以用灭火器来灭火。我们常用的是干粉灭火器，使用它一共有四步：第一步是提，即提起灭火器，再将它摇晃几次，目的是为了让瓶内的粉块分解；第二步是拔，即拔出灭火器上的保险销；第三步是瞄，这个步骤需要人先站在距离火焰 3~5 米处再用灭火器的喷管瞄准火源；第四步是压，即用手压在灭火器上下把杆上，打开灭火器的保险销，喷出干粉起到灭火的效果。使用灭火器也有两点注意事项：第一点，如果灭火器被使用过，哪怕被消耗掉的量只有一点点，有关人员也要按照相关部门的规定将灭火器送往专业维修部门去；第二点，灭火器无论是否用过，都要注意其使用期限，到了期限后就要将其送去专业维修单位更换或报废。

　　当火势很大时，我们学生身处在教学楼等高处，考虑到在火灾中有一半人是被燃烧所产生的有毒浓烟所毒害的，我们应先用湿毛巾或湿纸巾捂住口鼻，而后再有序地从安全通道离开。在火灾逃生中，我们一定要切记不要贪念物质财富，要把人身安全放在第一位。

水火无情，生命也只有一次，我们要多多增加防火知识，珍惜宝贵的生命。

💡 点评：

文章叙述能力较好，全文用较科学的语言来为我们介绍火灾发生时的注意事项。在行文中，最大的问题出现在语句的表述顺序上，即文章的逻辑性不是很强，对于前后语句之间的关系掌握得不是太清楚，特别是在一些需要分点罗列叙述的地方上做得不到位。另外，小作者还需要注意语句不通顺、词语使用不当及表述过于口语化等基础问题。全文科普性较强，主要内容是叙述火灾逃生而非火灾，故建议把题目更换为"火灾逃生"。

指导老师：易琼红

团螺学校四年级　韩　萱
爱好：阅读、朗诵

15. 我心中的管道运输

世界人口越来越多，人类制造的垃圾也越来越多，因此，垃圾分类应运而生，在许多城市都被严格执行。可是，总有人嫌麻烦、钻漏洞，依旧乱扔垃圾。如果放任如此，每年都会有很多新的垃圾污染环境，我们生活的地球就可能变成一个大垃圾场。

将来，我要发明一种会分类的运输管道。在未来的住房里，每家都有一个和燃气管道一样的垃圾分类管道，人们再也不用焦头烂额地处理混乱的垃圾，只需要把垃圾往分类管道里一放，垃圾就会被自动检查分类。

第一类是剩饭剩菜和果皮这种会腐烂变质的垃圾，它们通过管道运输运送到一个大池子里，而后在那里发酵，形成肥料，然后再直接输送到农民伯伯的田地里。

第二类是废弃的纸箱和报纸等纸制品垃圾，它们被管道自动分离出来后，会再通过另外一个通道直接被运送到工厂里去，经过加工最终被生产成雪白的纸和漂亮的包装盒。

第三类是有毒的塑料垃圾，它们会先在管道中溶化成塑料浆，再被运送到各个生产车间，制成各种各样崭新的塑料制品和生活用品。

第四类是废弃的玻璃碗碟等玻璃器具，它们也直接在管道里面溶化，而后重返工厂，直接被生产成新的玻璃制品。

第五类是对大地最有害的废旧电池类垃圾，它们在通道里经过化学处理，管道中的装置会把电池中对环境有污染的成分去掉，留下无害的部分再回到工厂，制造成新的电池供人们使用。

我相信，这种新型的垃圾分类运输管道一定会让我们的世界重新美丽整洁。

💡 **点评：**

文章整体结构简单，脉络清晰，分点叙述也做得很不错。从文章的细节之处如"雪白的纸和漂亮的包装盒"等可知作者的语言形容能力并不差，但是文章的其他细节部分却做得不理想，出现多处粗心的分句错误、语言过于口语化、语句缺少主语而造成语病、低级的错别字错误、语句歧义的错误……这些都是很小的基础错误，却是写作必须做好的最基本任务。

指导老师：郑　应

团螺学校四年级　方博皓

爱好：踢足球

16. 我心中的管道运输

最近我对管道运输颇有研究，我了解到：管道运输是用管道作为运输工具的一种长距离输送液体和气体物资的运输方式，在五大运输方式中，管道运输有着独特的优势。在建设上，与铁路、公路、航空相比，管道运输投资要省得多，比起其他交通运输方式，管道运输也更安全。知道这些的我不禁想：如果生活中的其他交通运输也能利用管道运输，岂不是会带给人们更多的便利？

去年暑假我和大伯一起搭乘高铁，那是我第一次坐高铁。我的内心有些许的激动，等待检票的时间其实并不长，我却不停地看手表，不停地望向检票口。大伯开玩笑地说，我的心飞得比高铁还快！在了解管道运输之后，我便在心中构建了一个高铁管道运输：将高铁的车厢放置于管道运输之内，既保证了高铁运输的安全性，又能防止环境污染产生的酸雨等将高铁车身腐蚀，起到了很好的保护作用。

记得那次我和大伯在高铁上找到对应的座位坐下后，高铁就缓缓驶出了车站，紧接着越来越快，车厢内的LED屏实时显示着高铁的时速，数字一路飙升。在我的高铁管道运输中，由于管道内部的密封性，高铁行驶时受到的阻力几乎为零，这得天独厚的条件会让高铁行驶得更加飞快，创造新的"中国速度"！

高铁行驶的一路上经过了许多地方，隧道、桥梁，其中好多地方都地势险峻，或被夹在两山之间，或横穿于河流的大桥之上，虽然景色很好，可我却感受到了铁路工人修建铁路时遇到的困难和辛苦。而我心中构建的高铁管道运输则会利用管道本身的可弯曲性，来达到贴合地形的作用，以免人工建造铁路的危险和劳累。

第一次坐高铁时，我见证了中国交通科技的成果，了解管道运输后我构想了一个更加发达的管道交通运输方式。我相信，随着科技的进步，终有一日我的构想会实现！

点评：

文章题目为"我心中的管道运输"，行文中却鲜明地一分为二，前半部分大篇幅地交代了现代管道运输的特点和类别，但是这些与"我心中的管道运输"没有直接关系。这些内容大部分应该来源于百度，修改的话意义不大。后半部分主要内容是"第一次坐高铁的感受"，虽然有很多对于高铁站和坐高铁的过程的描写，但是段落中的重点"感受"却并没有体现出来，这是不应该的。后面的修改稿应将管道运输与坐高铁的感受相结合来体现主题。

指导老师：李　婷

团螺学校四年级　李　青
我是一个性格开朗、善良、
　　自信的女孩。

17. 我的妈咪是"动物"

　　我的妈咪时而文静温柔如绵羊，时而怒发冲冠似狮子，又时而憨厚老实像大熊。

　　转眼之间到了开学季，我家出现了一只"狮子"，原来是我的妈咪已经变身成了草原霸主——一头暴躁的狮子。因为我不是很喜欢数学，对于数学的学习往往今天会了明天又忘了。当妈妈为我讲解数学题时，我总是小心翼翼的，生怕这只"狮子"会突然"河东狮吼"。就在刚刚，我又犯了一个错误，只见我的"狮子"妈咪已经暴跳如雷，火冒三丈了。只见她头上的青筋暴起，眼睛里充满了血丝，嘴唇紧紧地抿着，身体在颤抖。而此时的我好像是狮子捕获的食物，被吓得瑟瑟发抖……还好最后的紧张气氛被一阵急促的电话铃声打破，"狮子"转头去和闺蜜聊天了，独留书桌前的我继续与数学题奋战。

　　而当我生病的时候，妈咪又化身为一只温驯的"小绵羊"，温柔体贴，无微不至地照顾我。她经常重复做的一件事就是俯下身在我耳边柔声细语："宝贝儿，想吃什么？还有哪里不舒服？"不管我提什么要求，不管我怎样耍赖，"小绵羊"都对我百依百顺。而我呢，只要妈妈满足了我的要求，我就会像一只"小羊羔""咩咩咩"地叫，心里也因为妈妈对我的爱暖暖的，希望妈妈每天都是"小绵羊"。

一学期过得还真快，马上要放寒假了，随着天气渐冷，妈咪又变成了"熊"，一只贮藏过冬食物的"熊"。每天她都会去超市购买食材，就连送上门的快递都是食物，我觉得她忙忙碌碌、把冰箱塞得满满的样子真像一头忙于准备冬眠的"熊"。我好奇地问妈咪："现在超市里什么都有，你为什么买这么多吃的？""快过年了，我记忆里的新年就是粮食满仓，鸡鸭鱼肉满缸。"妈妈望着冰箱里的食物，叉着腰微笑着满足地说。"哦，就是和姥姥一样，把棚子、水缸、桶子装得满满的，让到处都是年的味道吗？"我还没有说完，"熊"便哈哈笑了起来……

这就是我的百变"动物"妈咪，她有着百变的个性，在不同的时候变成不同的"动物"，妈咪可真可爱啊！

💡 **点评：**

文章叙述能力较好，语言生动有趣，用了很多比喻的修辞手法，传神地描绘了妈妈的形象。角度新奇，内容充实。但是文章的开头和结尾都过于朴素无味，与中间结构清晰、分点明确的主题内容略不相符。建议对主体部分还不到位的地方进行小修改，对于开头和结尾进行较大的改动。

指导老师：李 婷

团螺学校四年级　易雨晴

爱好：运动

18. 全家人为我高兴

在日常生活中，当你学会了一些知识，或者掌握了一种技能，又或者行了一个善举……只要你获得了一定的进步，全家人就会为你的成长而感到高兴。我就有一次全家人为我高兴的经历。听我讲讲吧！

那是在我七岁时发生的事。记得是一个午后，妈妈出门买菜去了，爸爸在卧室里休息，爷爷正在睡午觉，我在客厅里看电视。正当看动画片看得津津有味时，我突然想拿点饮料喝，又不忍错过精彩的动画情节，我飞速来到厨房，还没打开冰箱，视线便扫到了洗碗池里的一堆脏碗。客厅动画片的声音还在刺激着我的大脑，但我想了想：动画片晚上也能看，现在不如帮妈妈做做家务吧！于是，我便回到客厅把电视机关了，然后挽起袖子就忙活起来。

首先，我把水龙头打开，调节好合适的水流速度，然后往洗碗池里灌水。接着，我学着记忆中妈妈洗碗的样子，小心翼翼地拿起一个碗，往里面滴一滴洗洁精，用洗碗布左右摩擦打出泡沫，又把它放在干净的水中冲洗，最后把干净的碗放进碗篮里。接下来，我便重复以上的动作，没过多久，原本脏兮兮的一池子碗就都被我洗得干干净净了。我心想着这样妈妈就会有更多的时间来陪伴我啦！

正当我收拾洗碗池时，妈妈回来了。她看到眼前干净的碗筷以及还没脱去围裙的我，高兴地说："我们的女儿长大了，学会为我们做家务了！"这时爷爷午睡也起来了，忙走过来称赞我："我真为你高兴，你终于能让父母轻松一点了！"就连房间里的爸爸也"闻讯"赶来表扬我："以前的小公主，一下子就懂事了呢！"我听了家人们的表扬，开心得不得了。

爸爸妈妈常常向我讲起我幼时牙牙学语的场景，爷爷也总是向我描绘我蹒跚学步时摔跤的画面。其实，我们的每一点进步在家人们的眼里都格外可贵，他们会为我们的进步而无比开心。而这些，也正是我们不断向前的动力！

💡 点评：

　　文章选取了生活中我为妈妈做家务的这件小事，来讲述家人们对我的爱与关心。题材不错，在表述中关于洗碗的细节内容也很真实、很充实。但是需要注意的是，在故事开头有一处情节发展略不合理，"我正津津有味地看着电视"，那么"我"又怎么会轻易地放弃娱乐选择帮妈妈洗碗呢？此处多多少少需要有一点纠结的心理过程，这是需要增加的情节。另外，本文还需要注意病句频出和表述失误等基础问题，在结尾处若能增加一点总结全文、呼应开头的内容则更好。

指导老师：李　婷

团螺学校四年级　何映瑶

爱好：写作、画画、唱歌

19. 忘不了的一件事

　　在每个人内心深处，多少会有几件令自己难以忘怀的事情。时至今日我还常常想起那一件事……

　　六岁那年，在一个风和日丽的夏天，我在一棵树下遇见了他。当时我躺在树荫下柔软的草地上睡觉，而他，一个比我大一岁的陌生男孩正安静地坐在另一棵树下看书。过了一会儿，我醒了过来，睡眼惺忪中看见远处有一只气势汹汹的大狗。很快，我便发现大狗在渐渐地向我走近，我像一只受了惊的小兔子一样，连忙跳起身躲在一旁的大树背后不敢出声。在树后我偷看了一眼，发现那个男孩好似无所畏惧，勇敢地拿起了一根木棍猛地向那大狗横扫过去，还说着："不许你欺负小妹妹！"那是我听过的最感动的话语，要知道那只狗足足有半大个小孩高呢！当时我身边的小伙伴们无一例外都是害怕大狗这类凶猛的动物的。那一刻，这个哥哥在我心中的形象瞬间高大了起来。当时那只大狗明显被他吓到了，它似乎没料到一个六七岁的小屁孩会有这么大的勇气，它只好灰溜溜地夹着尾巴逃跑了。这个哥哥赶走大狗后，走到我面前，伸出手对吓得蹲在地上的我说："没事吧？小妹妹。"

　　从那刻起，我和他成了亲密的好朋友。他就是唐国清，一个让我感到安全的人。也是从那时起，这件事情就成了我心中难以忘怀的最感动的一件事情。

💡 点评：

　　文章讲述的是一件"我"被偶遇的年长陌生男孩所保护的故事，本意是想写"忘不了的人"，却忽略了忘不了的人应该是现在不在身旁的，这与文中的实际情况不符合。故整篇作文需要更改题目为"忘不了的一件事"。本文存在情节不合理之处，如狗的大小，这是需要斟酌后更改的，对于人物心理描写的内容略显缺乏和过于单调，这些都是需要注意的。

指导老师：李　婷

团螺学校四年级　李皓轩

爱好：阅读、写作

20. 帮爸爸戒烟

　　我的爸爸是个"烟迷"，每次爸爸下班回来，总会先坐在沙发上抽上几口烟。一次，我在网上看到了许多关于抽烟会对人体造成危害的文章，我十分担心爸爸的身体，便决定帮爸爸戒烟。

　　我绞尽脑汁、冥思苦想了好几天，终于想出了两条妙计：

　　第一条是劝。我把在网上看见的抽烟对身体有害的资料收集起来，并把它们打印成一页纸，给爸爸看。谁料爸爸看见这些危害连眉毛都没有皱一下，依旧我行我素地继续抽烟。我只好在每次看见爸爸抽烟的时候，就赶紧带着资料来到爸爸面前，一次次不厌其烦地对爸爸说："爸爸您看，烟有害健康，对身体不好，请您把烟戒了吧！"然而，爸爸总是笑笑说："我抽烟这么多年，也没生过什么大病小病，这些说法不一定是对的哦！"久而久之，我明白我的第一条妙计已经失败，只好紧急启动第二条妙计。

　　第二条妙计便是藏。趁爸爸在睡觉，我赶紧把爸爸的烟和打火机藏了起来。果不其然，爸爸醒来后的第一件事就是抽烟，他找了一下口袋没找到，又在客厅里转悠了半天，还是未果。爸爸就问我："儿子，你看见我的烟在哪里了吗？"我忍住笑意一本正经地回答："没有看见。"可是我没想到爸爸放弃了找烟，直接出门去买烟了！我明白我的计划又失败了，气得坐在沙发上，不想理他。

就当我快要放弃帮助爸爸戒烟时，我得了一场重感冒，其中最严重的症状便是咳嗽。那一天，爸爸从医生那儿得知，烟民的家人可能会因为长期吸二手烟而造成身体免疫力下降。那次爸爸对我说："儿子，我决定听你的话，把烟戒了。"当时还在病中的我开心得好像已经痊愈了似的。

从那以后，爸爸果然再也没有抽过烟了。

💡 点评：

　　文章脉络清晰，采用总分总的结构讲述了"我"冥思苦想为爸爸戒烟的故事。这个故事本来很有趣，但是由于文章中缺少对于人物生动的细节和动作等的描写，整篇文章都很平淡无味。除了语言的生动性不够之外，文章在情节发展方面也存在发展过快、交代不清的问题，建议将整篇作文主体部分的主要情节改为：我绞尽脑汁想出的劝和藏的方法都失败了，但是在一次偶然的生病中，爸爸听见了"我"的咳嗽声，反思自己抽烟造成的二手烟对"我"身体健康的危害，所以痛下决心彻底戒烟。

指导老师：李　婷

团螺学校四年级　徐瑾萱

爱好：阅读、画画

21. 我心中的管道运输

关于管道运输的知识我只略知一二，却已经觉得管道运输十分伟大，在我心中我也构想了一个完美的垃圾分类管道运输。

想要设计出合理的垃圾分类管道运输，就必须了解垃圾的特性。那么，垃圾是如何产生的呢？我们衣食住行会产生一定的生活垃圾，这些垃圾可分为四大类：可回收垃圾、厨余垃圾、有害垃圾和其他垃圾。我设计的垃圾分类管道运输主要就是根据这四类不同垃圾的不同特征来运行的。

首先，环卫工人会将各类垃圾从各个垃圾桶收集起来送往垃圾站的投放口，一旦投放完毕，有趣的管道运输就开始了！管道的分类系统会利用环保抽风机制造气流，通过庞大的地下管道网络，将各个投放口收集的垃圾通过气力输送至收集站。当垃圾进入收集站时，垃圾会先经过管道中的旋风分离器，分离器再将垃圾与气流分离，让垃圾坠落进压实机，最后垃圾会被推压进与管道内部收集站相连的特制箱子内，再经移动小车和升降装置运送到地面，由垃圾车运送到垃圾处置场，至此所有利用管道运输进行的垃圾分类都已经圆满结束。然而，管道内部还会残留运送垃圾后被污染的气体。我设计的管道运输会安排这些气体经过过滤器和气体净化装置，待气体被完全净化后，再排放到站外。

以上的整个流程都是由电脑程序自动控制的，这就是我设计的十分便利的全自动垃圾分类管道运输！

点评：

　　文章本意是想将管道运输应用到垃圾分类之中，但是在行文中有许多不规范且混乱的表述。例如文章开头写作的态度就不够端正，之后前后段落之间的内容也毫无关系。另外，请注意文章的题目是"我心中的管道运输"，而不是已经存在、别人设计过的管道运输。特别在文章的主要内容部分，虽然前后操作确实有科学上的可行性，但是出现了多处十分专业的名词，还有一处句子被重复表述，有故作高深、重复啰嗦的嫌疑。

指导老师：董晓霞

团螺学校四年级　龙小筱

爱好：主持、写字、画画

22. 喜羊羊与灰太狼之管道守护者

科技发展日新月益，近来科学家们研发了一种新型管道，可运输一种特殊的物质，于是他们请来了喜羊羊和它的伙伴来守护管道。

"忽如一夜春风来，千树万树梨花开"。冬天蛮横不讲理，突然造访的冷空气让守护管道这项工作变得更加艰辛。这天，寒风呼啸，喜羊羊和它的伙伴们正在守护管道中的化学物质。忽然，一个鬼鬼祟祟的身影一闪而过，原来是觊觎管道内化学物质的灰太狼。新型管道功能多样，价值不菲，如果能连管道一起带走的话就太好了！灰太狼暗自在心中打着算盘。它手拿锄头，虎视眈眈地望着那根管道，准备下手。突然，灰太狼像一支飞驰的箭一样冲出来，一下就被机灵且勇敢的喜羊羊发现了，喜羊羊冲伙伴们大喊："大家注意！有人想要破坏管道运输！"灰太狼见直闯不行，灵机一动，决定智取。一个好法子从它脑海中一闪而过，只见它改变方向，不再向前猛冲，而是不停地围着管道转圈。灰太狼以为自己已经把喜羊羊它们转得晕头转向，正得意忘形地准备去偷盗新型管道时，身后却传来了一阵熟悉的声音："灰太狼你上当了，你现在已经被我们包围住了，看你往哪儿逃！"灰太狼心想：糟了，难道喜羊羊它们是装的吗？没有被我的"妙计"给转晕吗？它疑惑不解地转头，身后却已被保护管道的羊村村民们围得水泄不通。原来，喜羊羊它们早就料到灰太狼会耍花招，向慢羊羊村长请求了支援。

　　喜羊羊大声地说："灰太狼，管道里运输的可是重要的化学物质，你休想为了一己私利，破坏管道！"灰太狼听后羞愧地低下头，夹着尾巴离开了。回到羊村，村长赐予喜羊羊一块勇敢金牌，并对喜羊羊竖起了大拇指，大家也纷纷为喜羊羊的机智而鼓掌。获得奖励的喜羊羊并没有骄傲自满，而是对大家说："管道保护工作任重而道远，但是我们坚信，只要我们每个人把这份工作看作是自己的责任，一定能不负众望，保证好管道的平安。"

💡 点评：

　　文章富有奇思妙想，用大家耳熟能详的卡通人物构建了一个新奇的故事，向我们表达了管道安全的重要性。全文脉络清晰，按照时间发展的顺序进行叙述，内容充实，语言生动。但是在行文中，小作者还是存在多处因粗心而产生的笔误之处，这是很不应该的，另外，还需要特别注意文章表述语言的准确性和生动性。

指导老师：李　婷

梅怡岭小学六年级一班　黄子烨
爱好：读书、运动、音乐

23. 保护管道

　　绿油油的青草生长在一片一望无垠的森林里，草丛中点缀着几朵小花，小花中间停着一只小蝴蝶，如果你凑近去看，会发现那是黑猫警长的小特派员——金金。

　　忽然森林中传来了一声声巨响，"是谁，敢这么大胆破坏了我的休息时间啊！"金金边说边转身观察，看见居然是讨厌的左耳老鼠正在破坏森林中的管道。"不好！得赶紧将此事报告给警长！"金金火速飞回了警察局，并对黑猫警长说："警长，左耳、左耳带着小鼠弟们来破坏管道了。""什么，走，我们快去阻止它们！"黑猫警长话音未落便已起身，骑上警车前往左耳老鼠的作案现场。

　　"快住手！你们怎么敢破坏管道！"黑猫警长隔着大老远便冲着左耳老鼠大声喊道。左耳老鼠一看自己的行为居然惊动了黑猫警长来了，吓得赶紧跪下求饶："我不是故意的，只是我们看到这里有标志，以为下面有宝藏而已！""哎，你们这些老鼠怎么还是那么爱发财呀！这个标志的意思是这下面有管道，并不是什么有宝藏！"黑猫警长无可奈何地说。"那管道又是什么呢？"左耳老鼠疑惑地问。

　　"还是让我给你们这些老鼠上一课吧！"警长开始认真地为无知的老鼠们科普："管道就是运输天然气的一条管子，就像以前我们都是烧柴做饭，可是现在都是使用天然气来做饭，所以管道就派上大用场了。管道最长可以达到7000多千米，横跨我国东西地域，这可都是用工作人员的辛苦才换来的，天然气的用途可广了，可以发电、烧水、做饭……如果有人就像你们刚才那样麻木地行动，很可能会导致天然气的泄露，严重的话还可能会导致灾难的发生，让周围的事物遭到破坏。如果影响了城市的天然气供给，人们就无法正常生活。所以呀，我们一定要看清楚弄懂标志的含义，如遇问题就要及时拨打专业电话4008601848，我们更不能擅自开启或关闭管道，知道了吗？"黑猫警长严肃地对老鼠们说。"知道了，警长，下次一定注意。"老鼠们唯唯诺诺地说。

　　小朋友你们知道了吗？如果有任何问题记得及时拨打专业电话哦！

💡 点评：

　　文章富有童趣，设计了有趣的情节，利用自己的奇思妙想构建了一个童话的世界。全文按照时间顺序来叙述，跌宕起伏，引人入胜。文章的整体结构和脉络都很清晰，但是文章在处理细节上做得还不够好，如文中多次出现了基础的病句错误，还有多处的词语表意不清晰、错别字等。另外，还要注意文章语言在生动性上还有很大的提升空间。

辅导老师：赵　维

梅怡岭小学六年级一班　岳逸帆

爱好：阅读、绘画、书法、运动、
　　　科技发明

24. 天河欲坠

时间：星运135年（公元27300年）

地点：地球·亚洲·中国·北京

二月初，北京城中大雪纷飞，一片白皑皑中却有不少鲜红点缀，原来是市民们正张灯结彩准备欢度春节。

在这座城市的上方，耸立着一座几万余米高、千余米宽的巨大建筑。它的顶部接着一条直经约1000米的大管子。这可不是一般的管道，它是著名的"天河"管道的终点接口。它连接了5万余颗星球，而管道的起点则是距地球约15光年的绿星。现在，管道已基本完工了，明年该管道就可以正式开通了。开通后，它将对促进地球与其他5万颗星球的物质交换及信息传输有极大的作用。

何光明今年35岁，是领导几千万管道工人的管道总负责人。他常年在距离地球2000多万千米的太空管道中工作。繁忙的管道工作需要他的全身心投入，他已经整整13年没有回过家了。何光明对工作总是有着无限的热情，但是在紧张的连轴转之余，他也时常会想起远方的家乡和许久没能拥抱的家人们。今天，他刚接到上级指示，在"天河"管道即将步入正轨之际，特许何光明回地球与家人一起共度春节。听到消息的下属们都纷纷向他表示祝贺，这么多年终于能够松口气，回乡过年，何光明舒心地笑了。

半夜，睡梦中的何光明接到通知，可以提前返回地球了。他难以抑制上扬的嘴角，带着满心的喜悦坐上了高速太空车，往地球的方向开去。

可是谁料何光明刚走没多久，"天河"管道就出事了：一颗超大型人造卫星在飞行中不幸被一颗来自光年外无法预测行踪的陨石撞击，失去了控制，正以极大的速度朝管道能量站撞去。那是整个管道中的能量供给，一旦被毁，后果不堪设想。如果不能正确地启动管道的防御设施，20分钟后，不仅"天河"管道会"粉身碎骨"，宇宙中的3000多万管道工人也将失去生命。

何光明开的是高速车，完全可以在爆炸前返回安全的北京城。但是得知这个消息后，他只犹豫一下，便掉转车头，而后将车速调至最大，向能量站冲去。

1分钟后，眼看卫星就要撞过来，一场难以避免的灾难就要来临，人们都绝望地闭上了眼睛。就在这时何光明开车赶来了，他咬咬牙，来了个急转弯，之后高速汽车冲出航行轨道，直直地撞向卫星。随着一声响彻云霄的巨响，何光明所驾驶的高速车炸了，人造卫星也炸了，爆炸后的碎片继续向管道冲去，却已经不足为患，正确引发了管道的防御系统，危险消除了，3000多人的性命得到挽救。但是，何光明的生命，却与卫星一同消逝了……

💡 点评：

文章语言沉稳，总体的条理较为清晰，用自己的想象力构造了一个未来世界，叙述的故事前后情节较为合理，发展节奏也把握得相当不错。但是文章在细节部分还有一些缺点，如多次出现的病句、好几处的指代不清以及句子结构有误。另外，文章在语言的生动性和语句逻辑性上还做得不够到位。

指导老师：赵　维

梅怡岭小学六年级一班　宾颖萱

爱好：阅读、写作、手工制作、画画

25. 保护管道

　　"熊大，不好了，光头强要在管道上修池塘，怎么办呀？""什么？"熊大一骨碌从床上跳起来，"赶快去阻止他。"

　　熊大熊二赶到了光头强要修池塘的地方，大声喊："光头强，不能在这里修池塘！""熊大熊二，你们干什么呀，不准我砍树，还不准我修池塘了？你们是太平洋的警察啊，管得这么宽。"光头强生气地跺着脚，不屑一顾地说。"光头强，你在别的地方修我们不管，但你不能在这里修，不信你看。"熊二赶忙指着一根柱子说。

　　"下有航油管道通过，严禁开挖，擅自修塘挖渠，违者公安机关将依法严厉打击……"光头强将柱子上的字读了出来，还没读完便心中一颤，吓得不敢抬头看熊大熊二。熊大说："光头强，这下你知道了吧，你要是执意在这里挖池塘，只怕是要在大牢里待个几年了！"

　　"光头强，你不会不知道管道运输是什么吧？"熊二发现了光头强一脸疑惑的表情，于是问道。"谁……谁说的！"光头强底气不足争辩了一句之后却什么也说不出了。"算了，那我就勉为其难地告诉你吧！管道运输就是用管道作为运输工具的一种长距离输送液体和气体的运输方式，是统一运输网中干线运输的特殊组成部分，是保证现在城市资源正常运行的一种非常重要的运输方式。"熊二煞有介事地说道。"原来如此，知道了！我以后会注意的。"光头强信誓旦旦地说。

过了一会儿，"熊大熊二，你们再告诉我一些保护管道的知识吧，我以后注意一点。"光头强有点儿不好意思地说。"看在你这么有诚意的份儿上，我就再告诉你几条保护管道的知识吧：第一，我们绝对不能在管道上种深根植物，更不要说在管道周围用挖掘机等工具挖土了；第二，我们也不能在管道上建房子，不能在管道周围取土、采石、用火、堆放重物；第三，在管道周围挖渠、修塘等也是不被允许的。如果有人要破坏管道，你一定要阻止他，因为一旦管道运输的一部分遭到破坏，可能会带来非常严重的后果。你知道了吗？光头强。"熊大头头是道地说。"知道了，知道了，我一定牢记于心。"光头强满口答应着，并把这些知识点统统牢记于心。

从此以后，光头强和熊大熊二便一起保护森林里的管道，也正是因为有他们的保护，森林里的管道从没有受到一点儿损坏，我们也要向他们学习，熟知管道保护的知识并应用到实际行动中！

💡 点评：

文章有很好的叙述能力，借独特的故事情节来教育普通民众要好好保护管道运输。文章出现了大量的对话，很可贵的是在叙述中没有显得混乱无序，相反还自成系统，非常规范。但是文章也有不足之处，如在情节安排上，中间部分略有不合情理之处，需要做适当的前后表述调整。另外，小作者再稍微注意一下对出现的角色的心理描写和句子衔接即可。

指导老师：赵　维

梅怡岭小学六年级一班 梁 晨
爱好：阅读、写作、奥数、英语

26. 管道T1S走向宇宙

在遥远的未来，我们地球的科技已经十分发达了。各种高科技设备层出不穷，天上、地下、海洋，随处可见它们的身影。

然而，在众多高科技设备中最厉害的还要属T1S管道——天然气管道的设计理念触发科学家们的奇思妙想，将其进行无数次的改良，制造出的既能载人又能运输列车，更在最近突破科研瓶颈，能穿越至平行宇宙的管道运输。

凌天是未来人类中的一位，也是一名管道设计师，主要负责地球上的TIS管道设计工作，最近有幸被邀请去体验搭乘T1S平行宇宙列车。就在凌天赶往平行列车西站的途中，他意外瞧见了一个陌生人正驾驶着一辆智能大货车，正要穿过一个埋有天然气管道的地方。凌天见状，在理智地分析前往阻拦已经来不及的情况下，只见他眼疾手快地使用了T1S智能手表，选择了"全息护盾"这个功能，一道巨大的光圈迅速地包裹住了凌天以及陌生人所驾驶的智能大货车。而后"砰"的一声巨响，管道遭到了难以避免的破坏，从地下冒出了一堵高达300米的火墙，同时掺杂着一些臭鸡蛋的味道。正在危急的时刻，火意外地灭了，天然气管道也随即被T1S修理大师修好了，周遭的一切又恢复了原样。就在陌生人回过神来准备答谢凌天时，才猛然发现凌天早就不见踪影了。

原来，火一灭凌天便拿出了飞天T1S滑板走了。再晚就无法赶上T1S平行管道列车了。过了一会儿，凌天终于来到了平行管道列车西站的大门前，只见他大口大口地喘着粗气。"您好！先生，请用您的大拇指在我的手中按一下，让我确认一下您的身份。"西站门口的智能机器人对凌天说道，凌天照做，"识别完毕，尊敬的会员先生，请往前走，直到T1S平行宇宙管道会员私人列车处。"凌天在前往私人列车时偏头往T1S普通列车管道前一望，只见那儿挤满了人，而他却能从容不迫地走进会员私人列车里，这使他非常感谢邀请他来体验航行的T1S宇宙部门的同事。

初入车内，凌天便发现内部功能齐全，不仅有按摩机器人，还有负责他此行的管家机器人。凌天一坐在沙发上，便有按摩机器人来为他按摩，管家机器人则在一旁控制室内的空调，以确保车内时时刻刻都能拥有适宜的温度，这舒适的一切都令凌天感到十分惬意。

"列车即将起航，请系好安全带。"温柔的广播员正播报着列车的运行情况，刚出发几秒，列车上的车速表立马超越光速，使凌天置身于一个时空隧道。眨眼之间，语音机器人的声音又响了起来，"各位乘客，列车已达第一站，时空大厅。"话音未落，列车的窗户已经敞开，各种动漫人物走来走去，有熊大、熊二、葫芦娃……只见他们一边聊着天，一边走进了各自的片场。

待凌天观赏完表演，列车继续向远方开去。之后凌天还参观了不少平行空间，有漫威空间、三维平行空间等。

一趟旅行结束，列车又回到了起点，静静地等待着它的下一趟乘客，而凌天则走在了回家的路上，他在心中暗暗赞叹：走向宇宙的T1S果然厉害！

💡 点评：

文章有较好的叙述能力和情节构造能力。小作者通过自己的奇思妙想为我们构建了一个管道已经发展至宇宙的未来世界，整篇文章脉络清晰，语言风趣。但是也有一些不足之处，如在情节上，前后有矛盾之处需要修改；在语言表述上，文章多处句子间衔接关系不够恰当，屡次使用"只见……"句式也让人觉得过于普通单调。另外，小作者还需要注意一下第四段多次出现的病句问题。

指导老师：赵 维

梅怡岭小学六年级一班　黄子涵

爱好：下棋、游泳、打篮球、阅读、拼图

27. 悟空的教训

　　随着现代科技的迅速发展，我国相关科研人员通过一条十分厉害的从西部到东部的大管道将天然气运输至全国各地，节约了不可再生能源的消耗，也保护了环境。西气东输工程费资巨大。它横穿黄河、长江等大河，更是爬上了贺兰山、太行山等大山，克服了一切困难，只为给我们提供方便的天然气。

　　使用天然气能为地球带来很多好处，运输天然气的这条管道也十分重要，如果被损坏，管道会喷出大量的天然气，而我们知道，天然气碰到火就会引起严重的火灾，极其危险，所以我们绝不能因为私利就随意地破坏或移除管道。如果遇到不可避免需要移除管道的情况，我们也要请专业人员前来相助，让他们为我们解决关于管道的问题。接下来让我为大家讲一个"反面教材"。

　　这一天，成了斗战胜佛的孙悟空闲得发慌，在天空中百无聊赖地飞行着。突然，一个无人机向孙悟空撞来，把他吓了一跳。孙悟空一个不留神就从筋斗云上掉落了下来。他虽有金刚不坏之身，却也有些迷糊，坐在地上好一会儿才缓过神来。他疑惑地想：难道是我不在的这几千年里又有妖怪出来祸害人间了？他环顾四周，发现不远处有个人影，便忙走过去。

　　"老头儿，这方圆百里可有什么妖怪啊？对了，你正在干什么呐？"悟空看着老头诡异的动作问道。无知的老头疑惑地望了孙悟空一眼，说："我正在移除管道呢！这根大管道妨碍了我的苗木生长。"孙悟空转念一想：对了，这肯定是刚才天上飞去的那妖怪施了法术，看俺老孙不破了它！孙悟空马上付诸行动，大叫一声："长"突然，孙悟空的金箍棒猛地变长，一下子捅破了天然气管道，里面大量的天然气喷射出来。不巧的是，无知的老头嘴里正叼着一根烟，电光火石之间，随着"砰"的一声巨响，四周化为一片火海，所到之处，寸草不生！孙悟空狼狈地从火中飞了出来，大叫道："怎么回事，怎么会这样，这下可闯大祸了！"

火越烧越大，就在孙悟空惊慌失措之时，突然，五行山从天而降，压灭了火海，也压住了悟空。此时佛祖在天空中显了身，说道："孙悟空，你犯下大罪，这可是天然气管道，根据天条规定，你要在五行山下再压五百年！"而后佛祖召集各路神仙，紧急将天然气管道修复才没有破坏城市中的天然气供应。

我们要把孙悟空的无知和移除管道的人的愚蠢行为牢记于心，绝不犯此大错。保护管道，从你我做起，从点点滴滴做起。

💡 点评：

文章十分富有奇思妙想，通过想象一个孙悟空重归大地的故事来讲述保护管道的重要性，既告诉读者保护管道的必要，也以小见大地警示人们破坏管道会受到很严重的处罚。全文脉络清晰，总体结构也没有问题，但是在行文中还是存在许多表述不清晰和引发歧义的句子。另外，作者还需要注意在文章中多次出现的病句问题。

指导老师：赵　维

梅怡岭小学五年级　肖伊琳

爱好：阅读，特别是中外名著的阅读

28. 光头强与天然气的故事

到了2010年，光头强已经失业20年了，此时的他还是一个穷光蛋，所以，他只能住在狗熊岭上一个伐木工厂的小屋里。狗熊岭上有一条天然气管道，天然气可了不得，能够替代木材成为煮饭做菜甚至是汽车的燃料。光头强在偷听熊大熊二聊天时知道了天然气的这些广大用途，之后他便在心里打起了坏算盘，费尽心思地想要把天然气免费弄到手。

有一天，光头强在一个十分偶然的机会中发现水稻的根茎部分是空心的，他一下子就来了灵感，他把自己关在一个地下室里研究资料，想要研发一种超级水稻，能够利用水稻空心且密闭的根茎来偷运天然气。终于在第三年的春天，光头强研发出了他梦寐以求的超级水稻。在一个阳光明媚的上午，光头强把超级种子播撒在水田里，光头强等超级水稻长到40厘米高时，就把秧苗拔出，然后再通过特殊的手法把秧苗插在天然气管道穿过的农田里，最后光头强还在种植秧苗的泥土里装上他特制的软管，软管的终点便是他的家中。做完这一切，光头强便大功告成，只需要坐在家里等免费的天然气到来了。

从此，光头强便拥有了大量的天然气，除了家里使用天然气来炒菜做饭之外，光头强还发明了天然气电灯，节省了一大笔电费。他甚至把自己的破皮卡车改成了燃烧天然气的小汽车，又节省了一大笔燃油费。正当光头强得意扬扬地享受他自制的水稻管道为他带来的利处时，天然气管道运输公司的人也察觉到了问题。

天然气公司在这几个月的用气总结中发现了天然气的使用数据大大增加，他们通过智能的天然气管道系统排查，一下子就发现问题出现在光头强的超级稻田里。管道公司的工作人员在稻田中查找了半天，拔出一棵水稻观察后终于发现了"猫儿腻"。最终，管道公司将光头强告上了法庭，法官判光头强犯盗窃罪，光头强被抓了起来，关进了监狱。

有一个能源专家发现了光头强的这种超级水稻的特别之处，于是专家向国家反映了这个特殊的情况，想要让光头强戴罪立功。专家找到了光头强，和光头强共同研究怎样才能在不伤害动物、植物的条件下，从沼泽地里把天然气无浪费地收集起来，再安全地通过管道送到天然气公司，送给使用天然气的家庭。

就这样，失业已久的光头强又有了一个新身份——天然气管道运输顾问。

💡 点评：

　　文章的叙述能力较好，从全文来看，整体的结构很清晰，故事发展的情节合理又跌宕起伏，一波三折，充满了趣味性。但是在行文中，文章的语言描写存在较大的问题。基础问题有屡次出现的病句、语句意思表述不清、作文语句过于随意和口语化等。其他的问题，如语言的逻辑性、优美性和生动性方面还比较欠缺。

指导老师：文梦笔

梅怡岭小学五年级　刘禹维

爱好：唱歌、参加义工活动

29. 我家门前的燃气管道

　　我家门前有条燃气管道。燃气可以通过这个管道来运输，保障了人们生活的基础能源供给。可是有一些黑暗势力如毒娘娘，自管道设下的那一日起就对管道虎视眈眈，想要破坏管道，扰乱社会秩序。

　　我正在吃中饭，毒娘娘趁机而入，想要用她的毒刺来破坏我的燃气管道，我连忙叫来哪吒帮忙。哪吒用他的九龙神火罩暂时控制住了毒娘娘，毒娘娘不服气，使出了她的大招"毒气攻心"，可哪吒的火尖枪明显更胜一筹。火尖枪用熊熊烈火熔化了"毒气攻心"，也灼烧了毒娘娘，毒娘娘不甘心地败下阵来，却也别无他法，只能回去养伤。在哪吒的帮助下，我的燃气管道暂时安全了。幸亏我发现得早，才避免了一场劳民伤财的大爆炸。

　　通过这件事，我意识到燃气管道需要很严格的保护，如果它遭到了破坏，很可能会引起巨大爆炸，城市的运行也会因之受到影响，全世界的人都要遭殃。所以，我冥思苦想出几个保护管道的方案：我让结界兽布下了坚硬无比、什么东西都穿不破的结界，可以从根源上防止有人搞破坏。面对各种各样狡猾的敌人，我还让海夜叉在四周布下了石化泡泡，任何人一旦碰到了石化泡泡就会变成石像，永远都变不回来，更别提破坏管道了。最后，为了保险起见，我还安排了魔法精灵层层把关，保证一只苍蝇都飞不到管道周围。

虽然我已经做好了万全之策，但还是常常在新闻里看到别处的管道遭到破坏，引发灾难。因此，当务之急我们要从现在做起，认真保护管道。我希望以后因为管道事故破坏了美好家庭、伤害生命的事情会大大减少。

💡 **点评：**

> 文章富有奇思妙想，用自己的想象力为我们构想了一个特别的世界，在讲述故事的同时也为我们普及了保护燃气管道的重要性。全文脉络清晰，内容充实有趣。另外，文章在讲述故事时总是落下故事的背景，这使得文章很多情节缺少前因后果的正确推理。另外，作者还需要多注意一下错别字和病句这些基础的错误。

指导老师：文梦笔

梅怡岭小学五年级　李思钰
爱好：体育运动、阅读

30. 天　然　气

　　"真冷啊，真冷啊……要是现在家里能有暖气那该多好呀！"我在家里冷得发抖，突然，我听见了"咚咚咚"的敲门声，"吱——""咦？人呢？""小主人，我在这呢！""哪儿呀？""我进来喽！""呼呼……"我转身进屋，感觉周围的空气在渐渐变暖。

　　"你是谁呀？"我疑惑地问道。"小主人，你好，我是天然气。"一个可爱的声音回答道。"你说你的名字叫天然气，那你是什么呀？还有你从哪里来呀？"我继续问道。"我是从新疆来的一种无色、无味，比空气轻，易燃、易爆，热值高的气体，所以你看不到我。"声音继续回答着。"天然气呀！我听说过你，那你有什么作用吗？"我更好奇了。"我可以代替汽车用油，具有价格低、污染少、安全等优点。看！现在屋子里是不是暖烘烘的？这就是因为我还是一种良好的化石燃料，燃烧时仅排放少量的二氧化碳粉尘和极微量的一氧化碳、碳氧化合物，而碳氧化合物不会对环境造成负担。"天然气滔滔不绝地说着。我感叹道："那你可真是太棒了！"

　　"我虽然有很多用处，但我也很危险，我特别容易伤害到你们。我的最大敌人就是火焰，一旦遇上了火焰我就会'大发雷霆'，马上爆炸……不说这些不开心的了，我再给你讲点别的吧。我还可以节约用油和减少城市汽车尾气污染呢！

用我制造出来的燃料，供汽车行驶后排出的汽车尾气几乎不会造成环境污染。"天然气骄傲地说。

听了天然气的自我介绍，我发自内心地觉得人类真的离不开天然气，所以，我们更要善用天然气，不浪费、不破坏天然气资源，好好珍惜天然气。

点评：

全文叙述能力较好，大量地采用了对话的语言描写来对天然气进行简洁的叙述，在行文中让读者在不知不觉之中就学到了许多与天然气有关的知识。全文条理清晰，但是在结构上的安排还存在不够妥当的地方，需要进行适当的调整。在语言上还可以更加有趣，更贴合主题。另外，作者还需要注意文章的部分语言语句存在歧义，还有几处语句不通顺和病句的情况。

指导老师：文梦笔

梅怡岭小学五年级　毛佳焌

爱好：野外探险和植物种植

31. 天然气管道

随着科技的发展，连偏远的狗熊岭也沾上了光，成为天然气的一个供给区。

就在前两年，熊大和熊二都迎娶了自己的新娘。没过几个月，熊大与熊二的老婆就生出了它们的儿子，并给孩子们起名为熊三与熊四。熊三熊四一天天茁壮成长，越来越调皮。这天，它们正准备在森林里栽一棵树。熊三和熊四找了一块有牌子的地方，他们想：这个牌子好气派呀！如果我们把树种在这里的话，小树一定能长得很好。于是，它们便在牌子旁种下了小树苗。

森林里的土地可真肥沃呀！这棵小树没费多长时间就长成了参天大树，谁料熊三熊四原来看见的牌子是提醒森林居民"此处有天然气管道"的提示牌。大树的根把同埋在地下的天然气管道刺了一个小洞，管道内的天然气开始发生泄漏，危险正在悄悄地降临。

居住在森林另一边的光头强正在做饭，突然用天然气供给的炉灶没火了，光头强一想，坏了！难道是天然气的运输出了问题？光头强心道不好，立马就火急火燎地开着他的皮卡车赶去森林中天然气管道的主要集中处。到了现场，光头强看见天然气管道提示牌旁边有棵大树，一头雾水的光头强决定直接把大树砍倒，看看问题出在哪里。光头强拿上了锯子，才开工不久，就惊动了熊熊家族，它们赶来后看见光头强正在砍树，便一齐谴责道："光头强，你不准砍树。"被冤柱的光头强连忙解释道："这下面是天然气管道，这棵树可能让天然气发生了泄漏，这样下去可能会把狗熊岭烧光的！"光头强的话让熊熊家族的所有人都听得一愣一愣的。

正在它们僵持不下的时候，天然气管道公司的人来了。天然气管道公司的工人很快就找出了问题所在，还趁此机会对熊熊家族普及了关于天然气管道的安全防护知识。从那以后，熊三熊四也能看懂提示牌的意思，不再随意破坏天然气管道了！

💡 点评：

文章富有奇思妙想，构造了一个森林中的天然气泄漏事件，通过这个故事告诉我们不能随意破坏天然气管道的道理。但是文章的语言基础较差，在行文过程中没能很好地解释清楚故事的前因后果，多处语句存在歧义，这使得文章的多处情节有许多不合理之处，需要进行一定的调整和修改。另外，文章错别字和病句现象十分严重，需要引起注意。

指导老师：文梦笔

康王中心小学六年级一班　佘茗萱

爱好：阅读和运动

32. 未来的奇妙世界

　　邓小平爷爷曾说过：科学技术是第一生产力。中国人民用自己的努力，换来了一次又一次的辉煌。新时代科学技术突飞猛进，那么"管道运输"这项伟大的工程未来又将会发展成什么样呢？

　　"喂，醒醒！"

　　"谁，谁在叫我？"

　　随着音乐的起伏，陌生的声音响起："这里是未来世界，在这里你将……滋——，本系……系统故……故障，关……关……关……闭后……后台。"我只身一人立于漆黑之中，恐惧感让我后背发凉。过了许久，我才反应过来，用颤抖的声音喊道："喂！在……在吗？"房间里的灯一盏一盏地亮了起来，一个盒子飘在空中，我的内心告诉我："快，快走！"可我却感到双腿无力，半步都迈不开。当我认命地闭上眼，等待死亡降临时，只听见盒子响起调皮的声音："我是运输管道，我要抓住你，把你带回实验室！"

　　我想大喊"救命"，却被吓得发不出声，我满脸慌张，一动都不敢动。盒子见我慌了，立即飞到我面前对我说："行了，行了，不逗你了。我叫肥肥，在这个世界，我们运输管道掌控着这里，而你是异世界来的客人，由我来招待你，让我来给你介绍介绍我们的世界吧！"话音刚落，刚才那个小小的铁盒子已变成

63

一根粗大的管道，我犹豫再三，害怕败给好奇心，最终决定去见识见识门里的"运输管道"。

我发现管道运输的内部比我们现在简单的管道运输要宽敞得多，它四周呈圆柱体，墙壁上是蓝色的天空。据我的目测，在这里面无论你想建一个小型舞台，还是开一个大规模的茶馆，空间都是绰绰有余的。管道内部环境优美，没有一丝杂尘，白色的毛毯装饰着地面，透露着优雅，天花板上挂着许多小纸鹤。在这个运输管道的中心处，还有一张全自动餐桌，餐桌上有着琳琅满目的美食。"你可以尽情地享用这些美食哦！"肥肥的声音响起。我东摸摸、西看看，一边吃着美食一边将这个世界的运输管道参观了个大概。正当我无聊之时，肥肥的声音又出现了："我们世界的运输管道不仅可以走在地上，飞在天上，还可以探索宇宙，穿越时空。现在就让我们一起去体验一下吧！"

探索太空，那可是我梦寐以求的事情！我的心激动得无法平静。飞向太空后，我看见了一个奇特的世界：深蓝色的天空像是由网格组成的，一条条长长的管道在天上自由地延伸着。我惊讶得嘴里像是塞了个鸡蛋，再也无法合拢。

到达太空后，管道的舱门渐渐打开。我戴着挂在墙上的氧气头盔，走出了舱门，进入了太空。我发现，在太空中我的身体漂浮不定，我无法控制自己的起飞和降落，一上一下地在宇宙这个无边的"蹦床"上晃动着。我看着大片蓝白纹痕相互交错的地球，心中无数赞扬的词语脱口而出，但是我知道，这些词语无法描绘地球百分之一的美丽。

时代更迭，我们拜读岁月；科技变化，我们看向未来。我相信"管道运输"这项伟大的工程未来一定能散发更神奇的魅力。

点评：

　　文章通过想象未来世界来为大家介绍自己心中的管道运输，构想的故事十分富有奇思妙想，情节跌宕起伏，故事有趣且充实。但是由于本文有很长的篇幅，故文章难免存在着许多赘述多余的语句。

指导老师：王　彬

康王中心小学六年级一班　李诺茜

爱好：绘画和阅读

33. 神奇的管道

"嘀嗒""嘀嗒"墙上的时钟发哑地敲了十下、十一下……我从梦中醒来，"叮咚"手机里突然收到了一条信息，我点进去一看，这是一条匿名网友发来的短信，短信上面写着：在2051年，所有的管道都将会停止运行，因为……我心想：又是哪来的诈骗短信，我辨认了一下手机上的时间：2020年10月12日，晚上10：30，忽然之间，睡眼惺忪的我就被一股强烈的吸引力吸进了手机，怎么也挣扎不开。

我迷迷糊糊地醒来，眼前是一间黑茫茫又格外冷清的房间，房间里窗帘紧闭，只有一张床、一把椅子、一个挂着女士服装的衣架。"2051年是个繁华之年，科技也都焕然一新……"悬浮在半空的大银幕上报道着。"等等，2051年，现在不是2020年吗？"我内心疑惑不解。"醒了？"一个穿着白色衬衫，黑色牛仔裤，扎着马尾，夹着两个樱桃小丸子发夹的女人走过来关切地问道。我连忙点头，我说："阿姨，现在是公元多少年？"阿姨喊了声："开窗帘。"窗帘便自动打开，突然射入的光线刺得我睁不开眼，连忙用手臂挡住视线。"现在公元2051年。"阿姨回答我。公元2051年？这不是我收到的那条胡言乱语的短信所说的时间吗？难道是真的？阿姨看了看我一脸茫然手足无措的样子，笑道："怎么了？睡傻了？"我敷衍地笑了笑。阿姨说："我们这里是个大型的驿站，想不想参观参观？"我立马点头。"这条管道是运输货物、人、动物的。"阿姨一边说着，一边整理着快递，她按了个绿色的按钮，管道就开始像一条小蛇爬行似的向前延长。不一会儿，控制管道的屏幕上便显示着"已是最长"的汉字。接着阿姨又摁下红色的按钮，管道两边的机械手立马就出现了，它们将货物整齐地摆放在管道上的货架后又缩了回去，就这么几分钟时间，一地杂乱的快递已经有序地"坐"上了列车。

正当我为眼前管道如此智能的功能所震惊时，忙着清货的阿姨对我喊道："你快看看你那里的货物有没有200个。"我按照管道内的操作说明显示，点开绿色的按钮，选择"清点数量"功能，1秒后屏幕上的数据告诉我这里的货物只有190个。阿姨听到对不上的数字，着急地说："坏了，快递的数字不对啊！难道是有人偷了快递吗？"我想要去"案发现场"管道内看看有没有什么线索。果然我在管道的出口处发现了一个脚印，我推测这个脚印应该是偷快递的小偷留下的，于是赶紧将其拍照记录。很快，丢失了快递的顾客便纷纷上门寻说法，阿姨虽然焦头烂额，却也只能硬着头皮对外承诺三天内一定找到小偷。

无奈之下，我们只好报警。报警电话拨出不过几分钟，天空上的管道里就走出了一群警察，他们身穿蓝色的制服，戴着警帽，面色冷峻，其中站在检查队列最前方的一位似乎是他们的大队长，他走过来对阿姨伸出手说："你好，我叫江肃。""你好，我是这个驿站的管理人。"阿姨客气地与他握手。这时我走上前，把刚在管道内拍的脚印给他看，并说："这个应该是偷盗者在管道内留下的脚印。"说着我又将他们带进管道，江肃拿出一把激光检验棒，并要求阿姨将管道设置为"被检查模式"。江肃用激光笔扫了扫地面上的脚印，管道的墙壁马上就把这个脚印的深度、出现的时间以及脚印所属者的体重都一一显示出来，"真高级！"我不禁在心里感叹。我的眼珠咕噜噜地转了一圈，一个妙计涌上了心头，"警官，我有个计策。"警官看了看我说："你说说看。""有个成语叫瓮中捉鳖，许多驿站知道有偷快递的人之后，都纷纷把驿站关了。但我们可以装作一切正常，继续运送快递，就在这里等着小偷再次到来。"警官笑了笑说："这个计策可以试一试。"

根据激光检验棒，小偷上次造访时间是10：30，我们便在9：30开始准备。我们这条管道很长，很绕，人在其中一不小心就会迷路，我们也利用这点，在管道的不同地方安插人手，准备让小偷有来无回。

时钟显示10：29，一个举着灯笼鬼鬼祟祟的身影出现在管道中，江肃率先出击，按下管道内具有攻击功能的按钮。只见那小偷身手矫捷地左蹦右跳，来了个后空翻，还顺手拿出他的盾牌，我也连忙拿起射击的激光笔对着他，谁料我被小偷胡乱飞舞的盾牌打到，摔到了地上，一瞬间我头晕眼花。体力不支的我往后退了几步，不小心靠在了一个按钮上，按钮启动了管道，整个管道开始慢慢地加快速度动了起来，只见远处来了一大堆快递，小偷迎面撞上快递，手足无措地摔了个仰面朝天，我们趁此机会将他拿下……

　　"你听说了吗，在A站旁边，有个运输人的管道，是新研发出来的，现在可以免费体验。"外面的声音像是隔了一层纱，若有似无。"等等，我不是穿越了吗？怎么会有妈妈的声音，我猛地睁开眼睛，看了看周围熟悉的装饰，我……又穿越回来了？我连忙跑出房间，妈妈看了看我说："怎么了？那么慌张？""妈妈，你说的那个体验活动是真的吗，我想去。"我企求道。"行吧！"妈妈说。周末，我们来到了管道公司，如愿以偿地坐上了运输人的管道，只见它开始向前不断延长，熟悉的画面让我不禁想起梦中的阿姨、江肃警官和那个大型驿站。

> 💡 **点评：**
>
> 　　文章结构非常完整，从现实进入梦境又回到现实，利用自己的奇思妙想来为大家展现在自己的构想中未来世界管道运输的模样。全文有许多精彩的情节，内容也较为充实。但是文章篇幅过长，存在多处拖沓的表述，这是写作中非常严重的问题。在写作中，我们不必追求篇幅的长短，而应该把更多的时间用在谋篇布局以及设计细节上。

指导老师：王　彬

康王中心小学六年级三班　廖俊宇

爱好：打乒乓球、羽毛球，下象棋

34. 生命之道

黎明时分，本该照拂大地的和煦阳光却被那突如其来的暴雨抢了先。天上的白云不知被谁打翻的墨水给染成了黑魆魆的一片，一瞬间就变了脸，整个世界像迎来了世界末日般的气压低沉。

这个三面环山的村庄被如注的暴雨形成的洪水包围了。村民们被吓得惊慌失色，全都摩肩接踵地向那独一无二的逃生道路跑去。可谁知，逃生通道早就被高耸入云、堆积如山的岩石阻塞住了。这时，一个年轻男子——大李主动站出来将村庄里年轻力壮的人都召集起来，准备清理逃生道路上的岩石，好让村民们逃出这是非之地。

大李一边仔仔细细地清理着，一边井然有序地指挥着队伍。可随着雨势的增强，山上那本安如泰山的岩石又开始蠢蠢欲动。突然，几块小石子从上边跳了下来，机敏的大李很快便发现了不对劲，便对大家大声喊道："快走！马上又要落石了！"人们听后，疯了似的奔向安全的地方。大李回头环顾，却看见一个小伙子好像没有注意到大家都在奔跑，还停留在原地。大李来不及继续大喊提醒小伙子，松动的岩石就从山上滚落了下来，大李没有一丝犹豫，将那位小伙子向前一推，自己却留在了那里。

大李的这一举动，感动了天上的神仙。岩石没有落在大李的头上，他获救了！但是远处忽然传来了如天摧地塌、岳撼山崩般的响声。人们向远处一看，原来是5米多高的如白色城墙的大浪头正在向人群袭来。那浪越来越近，犹如成千上万匹战马，在尘烟滚滚中浩浩荡荡地飞奔而来，直将大地都震得颤动起来。正在此千钧一发的时刻，半空中冒出五颜六色、灿烂夺目的光彩，神仙出现了！可是自以为大难临头的村民们惊惶失措，无暇顾及神仙现世，只见神仙不慌不忙地从口袋里拿出神管——管道。神仙念了几句咒语，神管应声变大，并一头对准浪头，另一头深插地底。张皇失措的村民们仿佛没有意识到自己正在被拯救，依旧慌乱地四处乱跑。那放肆咆哮的巨浪，瞬间就被神管哗啦啦地全吸了进去，周围的一切重归宁静。

最后，神仙为了让以后都不再发生洪水，就把神管分成了无数节，插入了地底，还叮嘱人们不要破坏它们。世世代代的村民按照神仙的交代保护管道，从此以后村庄就再也没有发过洪水，村庄的男女老少也都过上了幸福的生活。

💡 点评：

从文中大量运用的成语以及比喻、拟人等修辞手段可知，写作者的语言功底并不差，甚至可以称作十分优秀。但是该文却存在很多情节不合理的地方，建议下次提笔之间除了斟酌字句外也要仔细思考文章的情节是否合理，想象神仙现世是否妥当，故事的前后有无相互矛盾等。文章的主体部分存在许多单独成段的小句子，其实这是没有必要的。另外，文章还需要多注意一下错别字以及病句这类基础错误。

指导老师：廖叶云　彭家浠

康王中心小学六年级三班　任　欢

爱好：跳绳、看书、画画

35. 管道危机之改过的女巫

　　从前，有一片美丽如仙境的森林，这里有清澈见底的小河，河里的鱼儿自由自在地玩着捉迷藏游戏；这里有空旷而又明朗的天空，天空中有喜欢变魔术的云朵妹妹；这里还有粗壮的大树，树枝上有着几位鸟儿"音乐家"叽叽喳喳地唱着优美的歌曲。

　　在这儿有一个青蛙守护神，它保护着森林里的一切事物；这儿还有几位特别的小小守护者，他们的职责是守护森林中的运输管道，他们分别是：小华、小丽、小甜和小美，森林中的生活和谐又美妙。可是，管道危机的到来让大家一时间紧张了起来。自从有了这次危机后，森林里的动物、植物严重缺水，还是青蛙守护神用洼地里的水来维持了森林的正常运转呢。

　　青蛙守护神和其他守护者们经过一番调查后，才发现原来是女巫在搞破坏。据经验丰富的青蛙守护神说，这个女巫长得十分可怕，她有粗糙的皮肤和长长的指甲，一双黑溜溜的眼睛好像能把人的灵魂带走似的。可是，守护者们并没有因此而退缩，他们沿着管道的破口处找到了女巫的家，找到了破坏管道的源头——女巫特制的药水。

　　"不行，不能再这样下去了，森林里的生物们撑不了多久的，我们必须去破坏女巫的根据地。"小华愤怒地说。"你说得也对，但是我必须在这里维持水源，无法与你们一同前去，你们四个一定要小心！"青蛙守护神嘱咐道。"在我们去之前一定要先做好万全之策。"小丽提议道。经过一番商量后，年轻的守护者们已经有了一个计划——调虎离山。

而此时的女巫正在家中为自己研制出来的药水扬扬自得。"喂，坏女巫！别以为自己研制出来个药水很了不起，这药水使所有生命不得安宁，你真邪恶！真有本事的话你来抓我啊！"小华自告奋勇地对女巫大喊。"可恶！"女巫一下被惹怒了，发出狮子般的吼声，转身拿起飞天扫帚就去抓小华了。

待女巫的身影消失后，躲起来的其他小守护者们便出来销毁药水了。女巫桌子上有一个"十秒自动毁坏功能的按钮"，小美大胆地按了下去。"十、九、八、七、六、五……"因为报警器的声音太大，女巫很快就意识到自己上了当，立马掉头回去，小华也追了上去。"四、三……"女巫正准备赶去切掉机器的电源，小华趁女巫不备，用石头狠狠地把女巫从飞天扫帚上砸了下来。"二、一……"倒数结束，根据地自毁了。"不！我的心血！不！"女巫伤心地流下了眼泪。"我们可以帮你，不过你要做个好人！"守护者们对女巫正告说。"君子一言，驷马难追！"女巫生怕他们后悔似的答应了。

管道危机解除了，森林恢复了原来和谐美丽的模样，女巫也改邪归正了，在森林里开了一家免费资助店，热心地帮助动物们。她还经常给枯萎的小花浇水，于是她在森林里有了一个新名字——善良之星。从那以后女巫变得越来越善良，好像与整片美丽的大森林融合了。

💡 **点评：**

　　文章内容充实，语言优美，很好地讲述了森林里女巫和守护者们斗智斗勇的故事。整个故事结构完整，脉络清晰，以小见大地为我们揭示了邪不压正的大道理。但是在行文中，文章的语言存在过于口语化、粗暴等问题，还有一些语句赘余的部分需要删减，情节上也有一些不够合理之处需要修改。另外，请作者注意一下文章的病句和错别字。

指导老师：廖叶云　彭家浠

康王中心小学五年级三班　李梦涵

我特别喜欢画画，因为画画会让我
更认真地观察世界的美好。

36. 我心中的管道运输

　　每年春节，人们迎来了年终的假期和奖金，总是四处旅行或拜访亲友，但是
庚子鼠年——2020年的春节我们过得好憋闷。

　　由于新冠疫情的原因，爸爸妈妈不能上班，我们学生不能上学，普通市民都
被困在家里，而医生、护士、司机、农民伯伯们都在为了这场没有硝烟的战争奋
斗，我们只能通过电视屏幕看着他们到处奔波。假期里我常常站在家中窗口朝外
望去，只见天空依旧蔚蓝，屋内花朵照样绽放，但四处的寂寥显示着人们对新型
冠状病毒的恐惧。

　　因此，我的心中便萌生了一个关于构建新型管道的想法。与已有的管道运输
不同，我的这个新型管道是专门为这次疫情而设计的。但是这种新型管道不单单
能帮助医生护士攻克病毒，也能帮助农民伯伯。疫情之下，有许多农民伯伯自发
地向住在医院里吃不好的白衣天使们提供蔬菜，但是如果单靠农民伯伯们人工地
把自己种的蔬菜用车一辆一辆地运去医院，效率是很低的。于是，我在我所设计
的新型管道中增加了运输蔬菜等货物的功能。

　　由于新型管道是埋在地底下的，其密封性保证了管道内的蔬菜不会受泥土和
脏水的污染，其坚固性更让我们不用担心外力会将管道破坏。除了以上的优点
外，因为我设计的这个新型管道是用纳米技术做出来的，蔬菜在运行中基本不会

接触空气，这使得蔬菜有更长的保质期，绝不会腐烂。

除了运输蔬菜，我还将我的新型管道设计成能够运输病人，这样一来，患上新型肺炎的病人就可以在具有良好密封性的管道内随意走动了。

这就是我心中的新型运输管道，是我为了我们伟大的医生、护士、农民伯伯所设计的新型运输管道。我想，如果这种管道能够被设计出来，那么即使以后再次出现这种情况，我们也能够临危不惧。我梦想着这种新型管道能够变成现实。

💡 点评：

文章讲述的是"我"受这次疫情的启发，想要设计一种适用于本次疫情的新型管道的故事。作者能够立足现实，为社会出谋划策，值得肯定。

指导老师：曾　佳　唐思远

康王中心小学六年级二班　黎雨轩

爱好：听音乐、看书

37. 管道中的远古生物

"几千年以前，有一种生物的唾液可以腐蚀任何物体，但是它只能生活在管道中。"讲解员正在讲解着我们面前那个面相可怕的生物。

终于，枯燥的科学讲解结束了，我开心地逃离出来。在路过一条小巷子时，我发现巷子里的一个管道口有几只虫子爬了出来，我定睛一看，呀！这不是刚刚博物馆里讲的那个生物吗？我正惊讶得不知所措，管道旁边有一只野猫路过，只见那个生物朝着小猫吐了一口唾沫，几乎就在一瞬间，小猫被腐蚀得只剩白骨。我被眼前的场景吓得不行，忍不住后退时我踩到了一根树枝。那生物察觉到了我的存在，也向我吐了一口唾沫，虽然我及时地躲开它的攻击，但我身后的墙被腐蚀出了一个大洞！我害怕地逃走了，并决定去生物局说明这件事。

到了生物局，不论我怎样软磨硬泡，生物局门口的保安就是不允许我入内。我向他说明这件事情的危险性，可是他非但不信，还嘲笑我的天真。但是幸好我跟警卫的谈话被一个专门研究管道生物的科学家听到了，他对我遇见的管道生物很感兴趣，并要求我带他去小巷子里一探究竟。到了那条小巷子，科学家亲眼看见了管道里猫的白骨后才真的相信了我，同时他也意识到了这件事的严重性。

我们争分夺秒地翻阅了关于那个生物的资料，发现该生物学名为"恶"，常年生活在管道里，生来怕盐。科学家很快便在各大报纸、电视上说明了这件事，但是太平盛世下的人们并不把这小小的虫子当回事。就在这时，科学家发现了一个惊天秘密：在距今一万年前，这个生物有过侵占人类世界的先例！

科学家们在生物局的地下室建了一个紧急避难所。第二天，我们再次通过广播告诉大家："这几天有危险，请市民们迅速来生物局内的紧急避难所避难！"可是广播了老半天，只有几个带孩子的市民来访生物局，可没过一会儿他们又离开了。我拉住一位离开的市民问："你们为什么要出去。""这里没有景区呀！"那人漫不经心地回答。

我们为市民们争取的时间已被消耗殆尽，"毒"开始成群结队地出现，很快人们也发现了怪物，都纷纷想起新闻中的紧急避难所，而后向生物局奔来，好在最后大部分人都进来了。

看着屋外的场景：农田被破坏得不堪入目，房屋全都被腐蚀出一个个大洞。我们都不禁流下了眼泪，大家下定决心与怪物决一死战。我们商量了很久，终于得出一个完美的方案：我们利用"毒"怕盐的这个特点，先在一个屋子的房顶上撒满盐，再把怪物引进房间里，最后一拉天花板，盐就会全部撒在怪物身上了。我们用这个方法击退了很多怪物。

我和科学家对远古管道生物"毒"究竟从何而来十分好奇，于是我们顺着怪物的踪迹进到了下水管道中。在管道里，我们发现忽然有一束光，我们追溯着那一束光而去，发现了一条河，河流与管道的连接处是一堆又一堆的垃圾。原来，"毒"是由管道里的垃圾转变而来的。

最近几年，人类大肆破坏自然，生产出许多废物，而后又用管道将垃圾一次又一次地运输到河里，使河水不再清澈，使管道不再洁净。要问为什么有怪物，那就先问问我们人类自己吧！

💡 **点评：**

文章十分富有奇思妙想，大胆地假设了一个远古的生物，通过自己的构想故事来警示人们要爱护环境，不能随意堆放垃圾。整篇文章脉络清晰，但是在语言表述上，有许多语句出现了成分残缺的语病，请反思自身在写作时是否过于粗心。另外，文章在讲述一些跌宕起伏的情节时语言十分匮乏，连贯性和生动性都还不足。最后，还有部分不合理的情节是需要修改的。

指导老师：叶 子 万 龙

康王中心小学五年级三班　刘明烨

我爱看书，因为我想把书中的知识全部学会，长大以后能成为对祖国有帮助的人。

38. 中国的管道运输

　　今天，老师在课堂上给我们展示了一幅中国地图。通过这幅地图，我了解到了中国地域辽阔，但东西部发展极不平衡。虽然东部地区比西部地区发展快，但是在天然气资源供给这方面，西部明显强于东部。

　　2000年3月，举世瞩目的西气东输项目正式启动，这一项目致力于把西部资源优势转化为经济优势。这些新鲜有趣的内容激发了我的好奇心：西气东输是什么？是什么"气"？要怎么去"输"呢？

　　在父母的帮助下，我在网上查到了一些资料：西气东输是通过管道运输天然气等气体。管道运输则是一种可靠的、运量大、占地小、建设周期短、成本低、安全性高的运输工具。中国目前在管道运输上已经取得了一定的成就，同时我也了解到，国家还对未来的管道运输有明确的规划。

　　在设计天然气管道运输的工程师计划中，未来5年中国管道运输将变成一个安全性更高的管道。天然气管道的安全性提高，是因为设计师们计划在其周围增加一个固定器。未来10年，中国的管道运输又变了，它将变成机动性更高的管道，能够实现工程师们预想的"管道要能够转动"的设想。

　　而在我的构想中，二十年后，中国的管道运输又变了，它会变得更加安全，在更远的未来，管道运输继续发生着变化，变得更加完美，满足人类越来越多的要求。那时的人们评价这个管道，大家一定会给它满分的。

虽然现在中国的管道运输还有不足之处，但是我相信未来管道运输会变得更好、更出色。

💡 **点评：**

全文介绍了因为自己对西气东输的好奇而对管道运输进行调查，以及自己对二十年后管道运输的预想，同时也寄托了自己希望中国管道运输不断进步的强烈愿望。

指导老师：曾　佳　唐思远

康王中心小学五年级三班　李国栋

我爱好阅读，因为通过阅读不仅可以积累很多名人名言，还可以了解历史故事，例如三国中的桃园三结义……

39. 多年后的管道

管道，是我们生活中十分常见的物体，但是管道运输可就未必了。

我第一次了解管道是在爸爸妈妈带我去电影院看的《烈火英雄》这部电影中。电影里有一个场景让我记忆犹新：油罐要炸了，火情失控。当我看到时十分诧异。火情为什么会失控呢？爸爸给我解释道："油罐中有汽油，汽油是易燃物品，当火源接近时会引发火灾。"我不禁感叹。爸爸还告诉我，一旦油罐被破坏，触发了危险，就极有可能危及城市中每一名市民的生命安全。

傍晚，我安静地躺在床上，心情却因为油罐爆炸的情节久久不能平静。我在心中默默许愿：希望以后的世界不会有油罐大爆炸这种危险的事情发生。在这美好的愿望中，我渐渐进入了梦乡。

我做了一个穿越时空的梦，梦中我来到了未来的世界，这个世界鸟语花香、绿树成荫、河水清澈、人民安乐。在这个世界里，地上部分共铺设三层运输层，分别运输货物、垃圾、人员。每个管道都是钛合金压缩而成的，因而非常耐用。

之后，我又来到地下运输站，它分为货车、客车、轿车、摩托、三轮车。为了让它们能够在机器的帮助下有序通过，每一辆车进或出都要经过机器房。由于管道内部几乎没有阻力，这些车辆在地下管道中的速度是陆地上的两倍。地下管道中更是配置齐全，有警卫、卫生、交通、咨询团队，每一支团队有15个机器人。如果管道中有火灾的话，现场会分配给每个人喷水枪和喷沙枪各2把，消防机器人也会第一时间赶往现场，防止灾情进一步扩大。与此同时，交通机器人会让人们有秩序地离开现场，管道中也会自动弹出防火墙，保障人们的生命安全。管道中必不可少的加油站、便民店和管道牌也一应俱全。另外，管道中每隔50公里处就有一个加油站。每加完一次油，会有一个小纸票，集齐10张就可以免费洗一次车。每隔10公里还有一个便民店和管道牌。管道牌功能与指路牌相似，用来提示驾驶者目前的位置。

此外，这里还有一条特殊管道可以通向月球。它一方面可以节约地球资源；另一方面又可以帮助我们探索宇宙的奥秘。真乃一举两得之计呀！

至于如何保护它呢？这就需要人们齐心协力，共同爱护。我相信随着科技越来越发达，这种管道一定会由梦境变为现实！

💡 点评：

全文通过"我"的一次梦境，记述了"我"想象中的多年后的管道，它分为地上和地下两部分，地上部分分为三层，地下则主要是车辆的通过。文章主要详细描写了不同于现在管道可能引发的巨大危险，多年后的管道尽可能避免了火灾时的油罐爆炸带来的人员伤害，更加安全可靠。文章语句基本通顺流畅，表述完整，具有一定的可读性。

指导老师：曾　佳

康玉中心小学五年级三班 冯 瑞

我是一个性格活泼的小男孩。我喜欢踢足球，因为我喜欢那破门一瞬间的快感。

40. 我心中的管道运输

相对于大家耳熟能详的铁路运输、公路运输、航空运输，人们对于管道运输的了解可谓知之甚少。这是因为管道运输并不是客运交通工具，而是运输石油、天然气等液体或气体的。

就现有的运输来说，管道运输有着相较于其他运输方式的独特优势，但我想象中的管道运输更加优秀。

多年后的街道上，人们几乎见不到汽车的踪迹，这是因为它们藏在了天空中的管道里，管道是由透明的玻璃做成的，因而十分结实耐用。这些管道有许多站口，连接着每栋房子、每个小区、每座城市。大街小巷的上空都遍布着管道。不论你在那里，是街角陋巷还是繁华闹市，是国内还是国外，都能看到管道的身影。

管道内部分为三层：第一层是大货车开的路线，第二层是小型车开的路线，第三层是摩托车开的路线。如果你是第一次上管道，也不用紧张，因为每过300米就有一个中国管道行驶指示图；每过3公里就有一个机器公共加油所。

管道里面，商店是必不可少的。每隔500米，管道中就会有一个便利店，只要你在手机上选择商品，就会有一个机器人把你所选购的商品送过来。

如果管道内发生意外情况，系统会根据你所在位置进行处理。位于第一层或者第二层，你会通过特殊的应急通道被送到地面，与此同时，系统会自动进行报警，交通机器人会第一时间赶往现场，进行修理或抢救。假如是位于第三层的话，你会被直升机吊走，以便能够尽快得到救护。如果有车挡住了救援通道，那你的车会被管道内的雷射激光直接射成灰而报废。因为救援通道是为受伤的人们提供的快捷通道，不能够被随便占用。

遇到有紧急物资要送的情况，我们可以把紧急物资放在隐藏的第四层。它们会被时空飞车送到该位置并用降落伞投下去。所以，人们有时看到天空飘着一些东西，疑惑不解。除此之外，管道内的安保系统也十分完善。管道中每过两公里就会有机器扫描，每过400米就有一系列摄像头。

是的，这就是我心中的管道，它不再局限于石油、天然气运输。它将使我国科技更发达，人民生活更加便利，祖国更加繁荣昌盛。

我相信，我心中的管道在我国科技飞速发展的情况下，终有一天能够梦想成真！

💡 点评：

全文主要描述了"我"心中的管道运输，分别从覆盖范围、材质、内部结构、配套设施、面对突发情况时的应急措施以及安保系统具体展开，全文结构基本合理，条理脉络清晰，有一定的逻辑顺序。

指导老师：曾　佳　唐思远

41. 我心中的管道运输

在一望无际的大海中，有一个包含世界各地各类动物的动物库，这些动物健康可爱，活泼美丽，它们吸引了全球各地的动物园园长，园长们不远万里、不辞辛劳地前来采购，但是动物的运输可不是一件简单的事。我想我可以设计一个安全又保险的管道来将动物们运到目的地。

你们肯定会惊讶地问："什么？可以深入大海的管道？难道不怕控制系统进水吗？动物们一直待在那里不会觉得呼吸困难吗？"我可以准确无误地告诉你们：全都不会。因为运输动物的管道是由纳米技术制造而成的，管道的外边还有一层坚硬、牢固的保护膜，除了能够阻挡普通的垃圾，还密不透风，连一滴海水也进不来。而针对"呼吸困难"这个难题，我的办法是在管道内部安放一个可以无限循环的供氧系统，以保证管道内部空气清新，让动物们可以自由呼吸。

解决了动物的基本生存问题，接下来就是安全问题了。为了保证动物们能够安全地到达全球各地，考虑到管道数量众多，我想安排齐天大圣——孙悟空来做管道的守护官。我选择孙悟空的原因十分简单，因为它有一个特别的能力——拔下自己身上的毫毛就能变成它自己的模样。实际上呢，只有指挥官才是它本身，那些假孙悟空都是它的变身罢了。为了配合管道运输24小时不停歇的运输特点，每天孙悟空都要用他的火眼金睛查看着管道的每个角落，兢兢业业地做好自己的工作。

　　动物库分成两个部分，一部分是住着各种动物的"庞大世界"；另一部分是所有管道运输的管道网。全球各地的动物园想要的动物各不相同，动物订单杂乱而复杂，为了避免订单错发，我还利用了电脑编程将管道升级成了智能管道——能够自动分捡不同订单并准确配置。怎么样，我的管道是不是很棒呢？

　　"丁零零"，午休结束时间到了，我被吵醒了。啊，原来是一场梦！但我却忘不了梦中的那些场景，我一定要好好学习，相信终有一天我一定能实现这个愿望！

💡 **点评：**

　　文章富有奇思妙想，利用海底世界的各种特点为我们呈现了一个奇特的、不同寻常的管道运输世界。全文脉络清晰，语言生动，趣味性强。

指导老师：杨　阳

康王中心小学五年级一班　方雨欣

爱好：唱歌，因为唱歌能使我快乐

42. 我心中的管道运输

睡梦中我来到了一个神奇的地方：只见辽阔的天空中有序地摆放着一些管子，旁边好像有一个脚踩七彩祥云、十分威风的家伙，呀！他该不会是鼎鼎有名的孙悟空吧？正当我苦恼如何上天确认他的身份时，天上隐隐约约出现了骑着自行车似的人影，"是光头强！"我大声喊道。光头强说："哎呀，别太大声，你强哥我的发型都要被喊乱了！"

聊完天后，光头强就用他的飞天自行车将我带到了云彩之上，我惊奇地发现，天空上竟是管道运输的世界！孙悟空告诉我们，他的工作就是保护管道运输的正常运行。"这可是一个伟大又光荣的工作呢！"孙悟空骄傲地对我们说。

接下来的时间里，我在孙悟空的介绍中认识到：这个世界的管道运输十分发达，不仅可以运输石油天然气，而且已经可以运输其他货物了！运输工作首先是把客户指定的任意物品采购到手，如时光机、智能水杯……智能的管道系统紧接着会把客户想要的物品包装进工厂精心准备的盒子中，而后物品会通过管道从工厂运送到客户家里的屋顶上，由于这个世界每户人家都已经安装了屋顶接收器，所以，管道只要让货物自由落下即可。"管道运输的成本低、效率高……是一种极佳的运输工具。"孙悟空向我们娓娓道来。

梦醒时我怅然若失，我想，这不仅仅是我的一个梦，也是我心中对于管道运输的美好设想！

点评：

文章内容生动丰富，语言新颖清爽，字里行间充满了童真童趣，欢声笑语不绝于耳，值得一读。

指导老师：杨　阳　曹钦连

康王中心小学五年级一班　柳兰亭

爱好：画画，我喜欢看到美丽的风景在笔尖悄悄绽放

43. 我心中的管道运输

　　现实生活中的管道运输指的是一种运输方式，可以用以运输石油、天然气等资源，我了解到，管道运输是一种较其他交通运输更便捷、更安全的运输。我在心中构建了一个未来的可以上天入地、无所不能的管道运输。

　　我心中的管道运输可以深藏地底，也可以行于公路，还可以穿梭太空。我想，这么厉害的管道运输应该只能是喜羊羊发明的；那么是谁把管道运输维护得这么周全呢？是老实肯干的沸羊羊；管道运输的顾客由谁来服务呢？那当然是和蔼可亲的暖羊羊了；还有负责财务管理的美羊羊和管理整个操作系统的慢羊羊村长，以及一个负责后勤却喜欢偷懒的懒羊羊……

　　自从喜羊羊发明了管道运输后，羊村的生活变得多姿多彩起来。大家在网上买的各种包裹通过管道运输都能第一时间送到手中，这可比原来的快递系统快多了！管道运输的线路不计其数，所以交通不再堵塞，我们每天上下学、爸爸妈妈每天上下班都方便多了。为了让管道运输可以带我们到世界各地旅游，喜羊羊还在管道内部设计了各种各样、一应俱全的休闲娱乐设施。

　　这就是我心中方便快捷的管道运输，它淘汰了许多落后的产业，为我们带来了焕然一新的世界。

💡 点评：

全文叙述能力较好，为我们展现了一个奇特的管道运输世界。全文脉络清晰，对于管道运输的来源和各种功能都进行了清楚交代，生动地展现了当代小学生积极向上的精神风貌。

指导老师：杨　阳　唐　杏

康王中心小学五年级一班　李兴宇

我喜欢打乒乓球，因为它能让我的反应速度更快。

44. 我心中的管道运输

我心中的管道运输发生在太空中。它是由一个大管道连接着无数个小管道，大管道是主要干道，小管道则是无数分支，数量众多的小管道通往宇宙深处，哪里需要什么，管道就能以最快的速度运输什么。

管道运输在太空中分为三站：第一站是美食站，就是制作美食的地方；第二站是动物站，一听就知道是养一些动物的地方；等三站是情报站，就是搜集各处需求的站点。这三站你来我往、相互配合地执行着每天的管道任务。

"嘀嘀，嘀嘀"不好！警报声响了！这代表有怪兽来袭击我们的管道了！我们要赶紧派管道守卫者猪猪侠来击退怪兽。猪猪侠很快应战，只听猪猪侠大喊了一声"猛虎金刚闪"，怪兽已被击倒。正当我们欢呼雀跃之时，怪兽却又再次站起，以迅雷不及掩耳之势使用了一个技能——超声波。此超声波功力非常，仅仅一个声波就把猪猪侠打成了重伤。

这时情报人员走过来说："这个怪兽体长31米，重4吨，专克猪猪侠。"原来是这样！若猪猪侠不行，我方只好出动孙悟空了。只见齐天大圣一个筋斗云就飞到怪兽的身旁，孙悟空如意金箍棒一棒下去，怪兽还没来不及嚎叫就直接被打到土星上去了。

最后，我又命令修理工喜羊羊将怪兽搞破坏的地方认真修补，宇宙中的管道运输这才恢复了正常。

点评：

　　文章富有奇思妙想，用自己丰富的想象力为我们构建了一个奇特的世界。朴实自然的童心体现在文中，使文章散发着清新活泼的气息。

指导老师：杨　阳　万　龙

康王中心小学五年级一班　刘　熙

爱好：打羽毛球

45. 太空中的管道

　　浩瀚的太空中漂浮着一个资源站，资源站里以管道运输的方式运输着各种物体。管道里面存放着珍贵的石油、金灿灿的黄金、星辰般的钻石，还有着许多奇珍异兽。在我看来，这不仅仅是一个资源站，还是一个珍贵的宝库。

　　资源站分为三部分，分别是储蓄罐、防御罩和员工室。储蓄罐便是用来储存各种珍宝和资源的地方；防御罩用于保证运输人员在穿梭管道时不受伤害；而员工室则负责分配安排各个管道员工的工作。其中管道员工又分为三种类型：侦察兵，观察管道工作有无异常；运输员，乘着高科技飞船飞入管道运输物资；修理工，负责维修处理管道的异常。正是因为这些管道员工各司其职，才有了井然有序的太空管道系统。

　　那么，这条穿梭在太空的管道有什么用呢？这是人类设计的、利用地球得天独厚的条件为落后的星球输送资源的管道。人类此举是为了促进各星球之间的和睦相处和共同进步，相信在人类的帮助下，宇宙大家庭一定会更加和睦。

　　慢慢的，我的耳边传来了熟悉的声音："熙熙，快起床了，不然会迟到的。"我睁开双眼，原来这一切都是梦呀，但是回想起刚刚发生的事也太真实了。

点评：

　　文章通过自己的奇思妙想，描写了一个未来的太空管道，并围绕这个管道展开了一系列的详细描写。全文结构简单，脉络清晰，扣紧主题对太空管道进行叙述，对于太空管道的各种设想也较为合理，趣味性强。

指导老师：杨　阳

康王中心小学五年级二班　李晗露

我喜欢画画，看着美丽的画作能让我很快乐。

46. 我心中的管道运输

"叮铃铃，叮铃铃……"闹钟响了起来，我不情愿地从床上爬起来，伸了个懒腰。环顾四周，我惊奇地发现自己处于一个陌生的环境中，周围光滑的曲面墙壁引起了我浓厚的好奇心。这时，有一个温柔的声音在我耳边响起："欢迎来到运输管道，我是管道运输的智能语言系统，您有什么要求都可以告诉我。"

我还没来得及发问，我的肚子就"咕噜噜，咕噜噜……"地响了起来，那个温柔的声音又提醒我道："管道上有触摸按钮，可以瞬间移动到你想去的地方哦！"于是，我按下了"餐厅"的按钮，"嗖"地一下我就来到了餐厅。吃完早饭后，我想：那可以去海边晒太阳吗？我要了个小聪明：同时按下了两个按钮，分别是去海边的位置按钮和椰汁的美食按钮。于是，我如愿以偿地来到了海边，一边喝着椰汁，一边享受着海风的轻抚和阳光的沐浴。

过了一会儿，我突然觉得很无聊，想叫小伙伴一起来玩。这时，管道运输的语音系统告诉我，只要我说出想见的人的名字，管道便会为我连线这个人，我们就可以视频通话了。管道还告诉我，我可以把我这儿的地址告诉朋友，只要朋友在他的管道上键入我的地址，选择"确定出发"，下一秒他们就可以来到我的身边。管道运输真是太方便了！

有一天，由于外星人的星球遭到破坏无法继续居住，他们便图谋入侵地球抢占先进的管道运输系统，并费尽心思打进控制中心。就在这时，美国队长、蜘蛛侠、李小龙等英雄组成了一个地球超级英雄联盟，共同与外星人战斗。外星人与地球超级英雄联盟的实力不相上下，长时间僵持无果。但最后超级英雄联盟靠着同心协力的团结精神打败了外星人，并把他们赶出了地球，保护了管道运输。

正当我们沉浸在胜利的喜悦中时，"叮铃铃，叮铃铃……"我的耳边响起了一阵刺耳的闹铃声。我不情愿地睁开眼睛，啊！原来这是一场梦！

💡 点评：

文章叙述能力较好，能够合理地安排情节发展，利用自己的奇思妙想为我们构想了一个梦幻中的管道运输。全文脉络清晰，语言生动连贯，建议写作时可以适当增加一些修辞手法来增强文章的可读性。

指导老师：姜思静

康王中心小学五年级二班　吴家琪

我喜欢阅读和写作，因为写出好的
文章时，我就很有成就感。

47. 我心中的管道运输

　　"叮铃铃，叮铃铃……"我被闹钟吵醒后，伸了个懒腰，深吸一口气，咦？为什么周围的空气有一股刺鼻的臭味儿？我打开窗户，看见街道上熙熙攘攘来往的人们都戴着防毒面具，我也赶紧找出防毒面具戴上，啊，有了面具过滤空气，我一下舒服多了。户外一片雾霾，吓得我不敢出门，只好打开电视。电视上的新闻节目正连篇报道着地球近来遭遇的灾难：洪水成灾、垃圾成堆、气候异常，其中有的地方炎热，有的地方却变成了冰川极地，地球原本的面貌已经被毁得惨不忍睹。

　　科学家们为了重建家园，便修建了运输管道。管道的作用可大了，它可以利用循坏系统，将地球上被污染的大气运输到外星球上净化，而后又将净化后的空气运回地球；也可以让成堆的垃圾重新分类，或提取，或再次得到利用，获得无限价值；还可以把泛滥的洪水运到干旱地区，让那里焕发出勃勃生机；甚至可以将气候异常地区的灾民和濒临灭绝的动植物转移安全的地方，让他们重获生存的希望。

　　经过科学家们的努力后，我们终于要看到胜利的曙光了。可好景不长，有外星人看到人类巨大的进步后，十分眼红地球先进的管道运输系统。于是，他们就用数量可观的珍宝收买了一些心怀不轨的不法分子，指示他们暗中破坏管道。这些不法分子胆大包天，见管道的运输系统十分智能，便直接采取暴力手段破坏运输管道。

为了能将不法分子捉拿归案，科学家们发明了一种智能摄像头。这种智能摄像头能通过人脸识别、身上的气味、声音和指纹来识别管道中的人，如果智能摄像头发现异常，便会悄无声息地在嫌疑人身上安装上自定位追踪器。破坏管道的犯罪分子一经抓捕，就会被罚修管道一辈子。有了这样严格的系统，破坏管道的人就越来越少了。

多亏了管道运输的特殊功能，地球环境逐渐恢复了昔日的美丽，人与自然也重归了和谐。我想我们应该吸取教训，从今往后要保护好地球，保护好管道。

点评：

文章利用自己的奇思妙想为我们构建了一个新奇的管道运输世界，一波三折的情节很精彩，立意新颖。在行文中，文章的叙述语言表达通顺，但大多都过于平淡无味。针对这一点，建议写作者在文章中增加一些比喻或者拟人的修辞手法。

指导老师：姜思静

康王中心小学五年级二班　周思涵

我喜欢用笔记录每天生活中高兴或伤心的事。

48. 我心中的管道运输

　　你想知道未来的地球变成什么样了吗？那就让我带你去未来管道运输世界领略一二吧！

　　管道门一开，就会有一个座位出现在你面前，座位旁的机械手臂支撑着一个小电脑，你可以在电脑屏幕上键入你想要去的地方，如输入"北京"，那么这个座位就会开始分析最佳路线，在几分钟之内将你送达北京。管道运输的智能系统会将管道内部的交通指挥得井然有序，所以，我们永远都不必担心管道运输会堵车。除此之外，管道运输还十分安全，绝不会发生车祸之类的交通事故。管道运输带给我们的不仅仅是便捷，更是一份安心。你也可以在屏幕上一口气写下所有想去的景点，管道运输智能系统会为你就这些景点量身打造一套专属路线。管道运输可以为我们节省时间，更可以为我们节省精力。

　　除了满足人们运输的需求之外，管道运输还有其他很了不起的功能。它可以无限伸缩，到海底也不在话下。这个功能只需要一个工作人员站在管道的控制台上，操控着管道向下延伸的速度和方向。运输管道虽然是透明的，但是很坚固，不会破裂，我们不用担心鲨鱼或其他动物会来攻击管道。利用管道的这个功能，我们可以将海底世界的新型鱼类、稀有的珊瑚礁、珍贵的石油、宝石等无价之宝开采到陆地上来供我们使用。

　　人类还将管道运输应用在宇宙旅行当中。我们乘坐管道就能"嗖"地一下到达火星。在火星上，每一个人都会有一个管道房，管道内空空如也，但你只要在管道房的专用家居电脑上输入你想要的房间风格，房间便会自动转换成你想要的风格。宇宙旅行的乘客如果觉得家里太无聊了，也可以出门观赏火星的风景。管道运输系统会为每一位乘客在房外都安排一辆管道游览车，游览车会带你去欣赏火星的风景。

　　这就是我心中的管道运输设想，你喜欢吗？想不想也住进去呢？我相信只要我们努力学习，这样的高科技在未来一定会实现的！

💡 点评：

　　文章富有奇思妙想，以第一人称视角带我们进入了一个奇特的管道运输世界。全文脉络清晰，主要分三段为我们介绍了未来管道运输的不同功能。全文语言生动有趣，在文章中再增加一些比喻或者拟人的修辞手法，可以更好地增强文章的可读性。

指导老师：姜思静

康王中心小学五年级二班　祝　强

我爱学习，学习对我来说是件很快乐的事。

49. 我心中的管道运输

随着科学技术的不断发展，管道运输在生活上的应用也会越来越广泛。今天我就来给大家介绍一下管道运输。

首先，我来给大家讲解一下，什么是管道运输？管道运输是用管道作为运输工具的一种长距离送液体和气体物质的运输方式。相较其他运输方式，管道运输既稳定又安全，能够很好地保证运输货物的正常供给。未来，管道运输不仅能运输气体和液体，还能运输其他货物，甚至还能载人呢！其次，我想为大家介绍保护管道的途径。这可不是一件简单的事。由于管道的纵横交错和运输管道的特殊性，管道运输公司往往需要安排许多人来维修保护管道。但是我的心中却有一个做这份工作的合适人选，只要他出马，保证为管道公司节省许多的人力和财力，他就是——孙悟空。孙悟空的一双火眼金睛加上他的筋斗云，不管管道发生任何事故都能被孙悟空立马发现。

现在的管道运输虽然非常好，但还是有缺点。我相信只要科学家们继续努力，未来就一定会有我心中的那种完美无缺的管道运输的！

💡 点评：

　　本文投机取巧，题目为"我心中的管道运输"，全文却只围绕着"管道运输"去写，借用了太多网络上与管道运输相关的背景资料，严重离题。全文为数不多的原创句子中，还存在好几处错别字以及病句问题。请写作者认真反思自己的写作态度后再认真思考这篇作文的想象题材，请务必发挥自己的想象力来创造文字。

指导老师：姜思静

康王中心小学五年级二班　许　康
爱阅读的我，最喜欢沉浸在书中的精彩世界里，孜孜不倦地汲取知识的营养。

50. 管道运输

　　我国是世界上最早使用管道运输的国家，管道运输是什么呢？接下来就让我为大家娓娓道来吧！

　　管道运输是五大运输方式之一，是巨大的能源运输工具，是利用管道来输送液体、气体等物资的一种运输方式。管道运输的优点很多，运量大、占地少、费用低、效益好、耗能少、连续性强以及建设周期短等。当然管道运输也有几个显而易见的缺点，如灵活性差、专用型强、专营型强、固定投资大等。

　　目前，我国的管道运输已经发展得非常好了，但是即便如此，我们也要懂得如何正确地保护运输管道。由于管道运输既有埋在地下的，也有安装在陆地上的，再考虑到管道运输输送的资源是天然气、石油等易燃易爆炸的化学物质，所以我们一定要注意在管道运输中绝对不能让管道内的物质接触到火源！否则就极易引发爆炸事故。这关系到整个管道运输的安全，甚至危及相关人员的生命。

　　我希望未来管道运输能进一步发展，不断完善，持续改进，祝管道运输越来越好！

点评：

　　本文严重偏题，题目为"我心中的管道运输"，全文却只围绕着"管道运输"去写，借用了太多网络上与管道运输相关的背景资料，几乎没有原创的情节和内容，还存在好几处错别字以及病句问题。请写作者认真反思自己的写作态度后再认真思考这篇作文的想象题材，请务必发挥自己的想象力来创造文字。另外，由于本文全部偏题，上面的修改稿将直接把文章的题目更换为"管道运输"来进行修改。

指导老师：姜思静

康王中心小学五年级二班　许思林

我性格腼腆，但我最喜欢和同学一起探讨知识。

51. 我心中的管道运输

公元前200多年，古人就已经用竹子等材质做管道用于运送卤水，这可以说是现代管道运输的雏形。现代社会，管道运输是用管道运输液体和气体物资的一种长距离运输工具。而我心中的管道运输还可以用运输货物和人呢！下面就让我来为大家介绍一下吧！

我从2020年穿越到2040年，我沉浸在这个世界的壮观之中：这儿的管道样式奇多，不计其数的管道井然有序地架在城市上空。游乐园里的那些彩色钢管也是运输管道的一部分呢！就连飞机场也有由透明玻璃制成的无比美丽的运输管道。

未来世界的管道运输不仅和我们现在的一样安全，管道运输公司还鼓励大家在街上的运输管道外表上随意涂鸦。这不单是为了增加城市景观，更有着想让我们看一眼管道就心动，舍不得去破坏，只想更好地保护它。也正是因为管道运输的飞速发展，现在有许多针对运输管道的活动呢！快看，那儿就有许多小朋友正在围着管道转，在快乐地你追我赶呢！

管道运输是一种特别重要的运输方式，我们一定要好好保护它！

💡 **点评：**

　　文章通过描写20年后的世界，为我们介绍了未来管道运输的模样。但是全文语言混乱，语句颠三倒四，前言不搭后语。一会儿还在20年后科技的前端，一会儿又回到几千年前的古人世界，整篇文章的表述都毫无系统性可言。全文上下还充斥着没有意义的感慨和莫名其妙的感叹。另外，文章有好几处语言过于口语化，也过于随意，请写作者认真反思自己的写作态度。

指导老师：姜思静

康王中心小学五年级二班　姚　翔
爱好：运动，尤其喜欢踢足球

52. 管道运输

　　管道运输是一种长距离输送液体和气体物资的运输方式，是专门向市场运送石油、天然气等产品的运输方式。现有的管道运输只能在特定的情况下为我们带来利处，而未来的管道运输则不然。

　　2040年，管道运输已经发展到基本没有缺点了。20年后的管道运输连通着整个地球的每家每户，由于管道运输空间的扩大，管道运输的运量比之前大了好几倍。运输的东西也不只是液体和气体了，还可以运输各类包裹，甚至包括冰箱、汽车等大体积货物。从前，我们网购商品后总是需要好几天才能收到包裹，但是现在只需几分钟，管道运输的特派员就会敲响你家的门。

　　不仅是包裹运输，外出旅游也可以借助管道运输来实现。不论你要去多远的地方，最多只要30分钟就能到达。旅途中你难免会觉得无聊，管道运输的座椅旁边有按钮，按一下你就可以享受一场视觉盛宴：有许多美丽的壁画，如海洋、森林、星空等。彼时的管道运输不仅满足了人们在地球上的需求，甚至可以无限延伸到太空，免去了人们费心耗财制造火箭的辛苦。

　　未来的管道运输让我们的生活更加方便。我相信这在不久的将来一定会实现！

点评：

　　文章通过想象20年后的管道运输情景，来为我们展现小作者自己心中关于管道运输的设想。但全文内容较为老套，没有新奇的故事情节，且开头处有许多的赘述和不必要内容的交代，这些都是可以删除的。文章的第二段完全不适用于想象作文，只需要提炼内容表述即可。另外，文章还存在多处错别字和病句等基础语病，句式表述也过于单调，请写作者发挥自己的想象力，认真构想后再下笔。

指导老师：姜思静

康王中心小学六年级二班　彭　丹
爱好：打羽毛球、跑步

53. 梦中奇遇

　　晚上，我正在房间里看书，迷迷糊糊地就进入了梦乡。睡梦之中，我被周围的喧闹声吵醒，一睁眼只见无数只蚂蚁围绕在我的身旁，而我呢，居然也变成了一只蚂蚁！更神奇的是我发现我能听懂蚂蚁们所说的每一句话。忽然，有一只巨大无比的蚂蚁向我走来，它对我说："你被时空裂缝吸进了蚂蚁世界，要想从这里回到人类世界，心须通过红蚂蚁守卫的管道，但是红蚂蚁可不是好惹的家伙呀……"没等我做出回应，这只蚂蚁就开始召集其他的蚂蚁，商量该如何把我安全地送回人类世界。我心中一暖，不禁感慨道：这些蚂蚁对我可真友好！

　　晚上，蚂蚁们带我去红蚂蚁的领地打探情况。我看见红蚂蚁巢的正中央端坐着一位高大威猛的国王。据蚂蚁们介绍，它就是控制红蚂蚁的最高权力者，法力至高无上，很难打败。我们回去后讨论了三天三夜才设计了一个完美的计划。

　　计划实施的前一天，我和蚂蚁们在帐篷里交谈。我跟蚂蚁们说："人类世界很有趣，你们可以到人类世界玩两三天，人类世界会很欢迎你们的。蚂蚁们说："好呀，好呀。"不料，一只红蚂蚁偷听到了我和蚂蚁们的谈话，它回去后将我们谈话的内容禀报给了它的国王，国王听完后，受到人类世界的诱惑，下令马上召集军队，去侵占人类世界，妄想让人类给它们红蚂蚁做奴仆。可它们万万没想到，邀请蚂蚁去人类世界只是我们计划的第一步。

原来，通往人类世界的管道只有一条，而红蚂蚁看守的管道不计其数，我们压根就不知道通往人类的管道是哪一条。想要让我顺利地回到人类社会，就只有下圈套来引红蚂蚁上钩，只要它们主动开放那条通道，我就能趁机回到人类世界。至于红蚂蚁们的胆大包天、侵占人类世界的妄想，恐怕是无法在人类世界实现的。

最后的结局果然不出我们所料，我不仅回到了人类世界，惯于恃强凌弱的红蚂蚁也受到了人类的惩罚，再也不敢欺负弱小了。

💡 点评：

　　文章严重偏题，描写的是自己的一个与管道运输毫无关系的梦境故事。建议直接修改文章题目为"梦中奇遇"。另外，文章虽然很大胆地构想了一个蚂蚁的世界，但是全文上下存在多处不合理的荒谬情节，需要做较大的修改。在语言上，该文语句语病很多，表述平淡无味，毫无波澜，白白浪费自己的奇思妙想，还屡次犯基础性的关联词错误，请写作者反思自己的写作态度是否认真。

指导老师：叶　子　万　龙

康王中心小学六年级一班　易正楠

爱好：看书和听音乐

54. 未来世界

在科技无比发达的未来，管道运输已经达到了鼎盛时代，极大地造福了地球上的生灵百姓，却在无意间损害了外星人的利益，一场猫与老鼠的游戏就此拉开了序幕。

蔚蓝的天空，一艘大厦般的飞船正遨游在空中，驾驶舱内坐着两个瘦高个子、皮肤雪白，只能从嘴唇中看出一丝血色的外星人。看他们这副筋疲力尽的样子，一定是用管道来地球时被识别为入侵者，受尽了管道防御系统折磨的结果。其中一个外星人大声命令地球人："地球人都给我出来！"另一个则嚣张地朝下泼下一桶莹白色的液体。"嗞——"，短短几秒，被白色液体接触到的物体已经被腐蚀，化为乌有。霎时间，地面上原来还在看热闹的人们已经乱成一团，而外星人则无情地驱赶着人们去塔克拉玛干沙漠。可是，由于水土流失、气温上升，该沙漠已经扩大了几十倍，人类只是肉身的凡夫俗子，只能乘坐运输管道才能通过这里，否则就会变成一具白骨！短短几天，人类的人口总数就急剧下降。面对着这样的地球灾难，人类IQ360的科学家们意识到大事不好，先是迅速利用管道来到了避难所，思虑再三后科学家决定利用秘密武器——管道时空隧道来拯救人类。

科学家们打开屏幕，输入程序，发出口令，调遣出了时空隧道。他们利用穿梭时空隧道时会发出的耀眼的光芒引诱来了外星人，又让他们无意间跌落进隐形的平行世界管道，去到了一个平行世界，说时迟那时快，科学家们迅速地将现实世界连接平行世界的管道彻底切断，断绝了外星人回到现实世界的道路，在这场宇宙大战中人类取得了胜利，地球上人们的生活又回归平静。

管道不仅能运输能源还能运输一切。当任何事故发生时，由于管道内部无空气阻碍运输，救护车能快捷地到达目的地，及时拯救生命。除此之外，管道还可以被用来运输快递，就算现在快递货车的数量比从前多了十几倍，但是只要利用管道运输，不仅能减轻交通压力，还能为快递公司节省不少人力和物力。

未来的管道运输形式多样，不再局限于地面管道，还可以像孙悟空一样，冲入云霄；像大鲨鱼一样，潜入海底。如果我们乘坐天空管道，就可以看见云朵若隐若现地从我们身边经过，这难道不是一种享受吗？如果我们乘坐传统的地面管道，就可以看见成群的动物从我们眼前奔腾而过，这难道不是一种壮观吗？如果我们乘坐水底管道，就可以看见如水族馆那样如梦似幻的画面，这难道不是一种心灵上的洗涤吗？

管道是构成人民幸福重要的一环，也是未来社会不可缺少的一环。

💡 点评：

文章奇思妙想，用自己的想象力为我们构建了一个未来的管道世界。写作者设计的情节一波三折，跌宕起伏，但是写作的语言过于平淡无味，没能体现情节的丰富。文章存在多处病句以及错别字等基础性错误，还需要多加注意。

指导老师：王　彬　万　龙

康王中心小学六年级三班　黄怡轩

爱好：喜欢阅读和听音乐

55. 管道——地下的枢纽

现如今，人们的生活中都少不了管道。比如几个月前岳阳发大水，如果没有管道来排水，一场可怕的洪灾就难以避免。

给你们讲一个故事吧！古时候，有一位木匠因做工艺品，砍伐了大量树木。森林中树木日益减少，山洪暴发时，由于没有树木阻挡，洪水势如破竹，直向村庄而去。洪水像一只猛兽呼啸而来，凶得令人恐惧，吼得让人害怕。这时，在慌乱的人群中，一位农民伯伯没有随着大家逃跑，而是镇定自若地手持铁锹与空心木块。只见他先用铁锹在还未被山洪吞噬的泥土上挖了一个大坑，紧接着又把空心木块依次重叠放入大坑内，而后飞速离开。神奇的事情发生了，山洪行至大坑处便如被神仙制服般无力嚣张，没过多久山洪就退了下去。从此以后，人们称那些空心木块为——管道。

随着科技的发展，那些空心木块早就变成了空心铁块了，也拥有了更多的功能。管道中的天然气能给我们的生活带来便捷，成为每户人家的厨房必需品。家里洗完菜的水没有地方倒，就可以在厨房里安装一个管道装置，废水通过管道装置就可以被转移到规定的污水处理厂，不仅方便了人们的生活，也为环境治理做出了贡献。还有更高科技的管道，会把我们生活中排出的污水，去过杂质、过滤许多遍后，形成新的干净的自来水。

管道运输是一种十分便捷的运输方式，它已经成我们生活中必不可少的一部分。

💡 **点评：**

文章通过讲述一个古代人们利用管道救自己于洪灾之中的故事来为我们展开了关于管道运输的叙述，告诉我们管道运输的重要性。全文脉络清晰，文章前后铺垫合理，但是在行文中存在多处病句，还有很多赘余的内容需要注意删改。另外，作者还要注意写作文的语句不能过于口语化。

指导老师：廖叶云　彭家浠

康王中心小学六年级三班　徐睿涵

爱好：美术

56. 无水也流

传说，在一个天灵地秀的地方，生命象征着天地灵气，每一朵苞蕾的开放都代表着一个可爱小精灵的诞生。这里平安和谐，精灵们在这里快乐地成长，到处欢声笑语。在这儿的一个灵洞里，有一位老者，他就是这里的守护神。

老者望着远处的大海，心事重重，他想："天神之水已涌来，不久这一切都会毁灭。"一大群的古灵精怪小精灵，在他身上爬来爬去。他看着这些精灵，心中更涌出几分忧愁。一个精灵看见他这神情，问道："您哪里不舒服啊？"老者摸摸小精灵的脑袋，看着他一双乌溜溜的大眼睛，平静地说："没事，只是如果有一天我离开了你们，你们一定要照顾好彼此。"此话一出，小精灵们叽叽喳喳全都着急地开口说："爷爷，您为什么会离开？""爷爷，您要去哪？""爷爷，为什么不带我们一起去呢？"而老者只笑了笑，没有回答，已经长大化成人形的精灵小清：小风一向成熟，在旁看着，心里很不是滋味。

但是，该来的总是要来的，老者已经算出天水之灾的具体时间，为森林里的精灵们安排了躲避灾难的计划。这天，老者对小清、小风详细地交代了这个计划，他沉重地说："你们一定要照顾好他们啊！一定啊！"小清大叫道："不，我要和爷爷一起，有难同当，有福同享！""不行，你必须走。否则我们将全体覆没。"小风拉着小清："对呀，爷爷说的没错，走吧！"爷爷长叹一声："如果我死了，我会化作清风守护你们的。"

小清、小风忍住眼泪离开了爷爷，不一会儿，电闪雷鸣，乌云密布，天摇摇欲坠，地也微微颤抖，精灵们全都惶惶不安，原来是天水之灾已经到来。只见那滔滔天水"飞流直下三千尺"早已漫过伍山之峰，巨大的浪潮声震耳欲聋，天水就像一头发怒的雄师吼叫着向爷爷涌去。只见爷爷把手一挥，大树便被连根拔起，爷爷用仙气把土凝成一个巨大的土盾，拼命挡着。可是，人的力量如何能与天灾抗横呢？不消片刻，前方传来"啊！"的一声，爷爷吐出了一口鲜血，只听见"哗"的一声，没了阻碍的天水势不可挡地向小清、小风他们涌去。

看着涌来的天水，小清不禁暗暗叫苦，"难道……难道爷爷已经死了吗？"他心如刀割，一种冲动使他想回去救爷爷，但下一秒小清就被小风拉住："别忘了爷爷说过的话！我们必须保护好精灵们！"说着，小风强拉着泪水汹涌的小清按照爷爷的计划向漫漫黄沙飘去。他们顶着狂风，躲着天水，忍受着黄沙拍打在脸上的疼痛。在黄沙地里，他们找到了先行被爷爷安排至此的小精灵们，还看到了一根白色的水管，大家都沉浸在失去爷爷的悲伤中，没有人在意此为何物。

沙漠里又干燥又炎热，温度居然达到了100摄氏度！身处此地虽然能免遭天水之灾，但是此处也实在难以被称为安全之地，已经有许多小精灵因为难耐高温而身亡了！小清用木之力盖了几个木棚，但时间一长，木棚也被热是化成灰烬，小风用风之力给精灵们乘凉，扇出的却只有热风。小清和小风愁眉苦脸地坐在木棚里，此时他们所剩的仙力已经不多了。突然，一个小精灵发现了那根水管，大家围着研究。小风思考了一会儿，计上心头："小清，你能用木之力做成这样的管子吗，我们可以引天水入侵沙漠，让沙漠变成仙境！"小清听后大喜，点点头同意了这个计划。

说干就干，小清用木之力做成了木藤水管，小风用风之力把天水吸了过来，但出乎他们意料的是，天水如重获生命，在水管里东冲西撞，管子不堪重负，"啪"的一声破了，两人因仙力大损吐血。大一点的精灵们看到这副场景，于心不忍，于是便对小清小风说："不如让我们试试吧！我们去冲击沙尘，牺牲了也没关系！"小清大吃一惊，小风更是一口回绝，它们不顾休息就又开始了尝试。谁知，那些大精灵们不顾他们的反对，直接冲向天水，一时间地裂崩塌，水漫沙漠，可怜的大精灵们却为此献出了宝贵的生命。几天下来，这个金黄色的世界，渐渐变了模样。小溪唱着欢快的歌，春风给柳树梳头，柳树唱歌给小鱼听，一碧千里的草地上精灵们正在快乐地玩耍。

　　干涸的沙漠就此变换了模样，几年后，一株灵莲破土而出，小清小风总觉得这是那些大精灵看望他们来了……

点评：

　　文章篇幅很长，但是叙述的各部分内容篇幅安排不当，前文铺垫过多，光老者交代小清小风守护精灵的话就有三处，这实在是赘述。全文情节一波三折跌宕起伏，按理说应该会是一篇让人拍手叫好的作文，可是，写作者的语言功力太差，不仅无法将精彩之处生动地描绘出来，而且连最基本的叙述都错误百出，文章前后语言不仅颠三倒四，还有多处重复表述，这些都让这篇文章沦为平庸之作，甚至更次。另外，文章还屡次出现病句和错别字，请写作者认真反思自己的写作态度，在写作时请把精力放在谋篇布局和认真写作上，而非一味追求作文字数。

指导老师：廖叶云　彭家浠

康王中心小学六年级三班　邵佳妮
爱好：阅读

57. 水管的用处

　　大家知道吗，第一代自来水管是古罗马人发明的。当时古罗马城用铅管铺设成了庞大的、蜘蛛网般纵横交错的城市供水系统。而现在地球上的每一个国家都在使用水管，水管已成为我们人类生活必不可少的一部分。

　　按照水管输水的方向分类，可以分为上水管和下水管。顾名思义，上水管就是向上去水的管道，需要动力来克服重力并推动水流运动；下水管则是靠自重向下去水的管道。也许大家都知道水管是人们日常使用的设施，但是水管还有很多用途。例如，我们周围的社区内、学校里的房前屋后由塑料排水管、混凝土管和钢筋混凝土管组成的排水管就起到了雨水、污水排水作用。另外，可以救人于水火之中的消防车上的水管则主要担负救灾灭火的任务，而大街上随处可见的洒水车上的水管，又负责将马路上的脏东西冲洗干净的工作。

　　水管的用途可真广泛呀！

💡 **点评：**

文章开头对于第一代水管的介绍和主体部分的绝大部分内容，很明显应该是源自其他材料或者摘自网上，建议小作者以后参考材料时不要再直接复制粘贴而是要有自己的想法。且文章开头处的背景介绍篇幅过长，安排不够合理。另外，请再多注意一下文章表述中的基础语言错误。

指导教师：廖叶云　彭家浠

康王中心小学六年级三班　周　丹

爱好：看书、打羽毛球和跳绳

58.管道危机之拯救生命树

　　在一片生机勃勃的森林里，一对熊兄弟熊大熊二是这里的守护者，它们守护着森林中许许多多的小动物和茁壮茂密的植物。森林中的生灵团结友爱，互相帮助，整个森林的环境都十分美好。森林里还有一个人，名叫光头强。光头强以前是一个伐木工，总是砍伐树木，破坏森林。直到后来，熊大和熊二的善良感动了他，他不再砍树，换了一个新职业成为了森林导游。

　　有一天，森林里来了一位名叫天才威的疯狂的科学家，他有一只会飞的仓鼠名叫洞洞幺。他们听说这个茂密的森林中心有一块神奇的地方，那里有掌管着世界万物的生灵——生命树。"我一定要找到这个神奇的地方。"天才威心想。于是，他们便没日没夜地在森林中寻找着生命树的痕迹，连一点点蛛马迹也不放过，洞洞幺则是跟在天才威后面东看看西瞅瞅，似乎对这里的一切都很好奇。几日无果之后，天才威决定先查阅资料再实施行动。天才威从资料中知道：生命树主要靠管道的运输来获得能量，"我认为只要我们找到其中一个管道就一定可以找到生命树。"天才威对洞洞幺说道。于是，他们便说干就干，开始施行了他们的计划。他们在森林这边刨了一个大坑，又在森林那边挖了一个大洞，把森林弄得乌烟瘴气。

　　有一天，阳光明媚，熊大和熊二邀请光头强一起去小湖边钓鱼，他们来到湖边，湖里的水真清啊！清得可以看见湖底的沙石；湖里的水真静啊！静得像一块透明的玻璃镜；湖里的水真碧啊！碧得像一块无暇的翡翠。绿树环绕着美丽的湖畔，他们不禁都感慨道：这可真是钓鱼的圣地啊！熊大、能二还有光头强一起钓了许多的鱼。回家的路上，扛着鱼篓的光头强和熊大熊二"扑通"一声栽进了一个大坑里，不仅鱼篓里的鱼都摔了出来，他们仨更是摔了满脸泥，无比狼狈。"是谁这么没有公德心？"他们怒气冲冲地从大坑里爬了上来。谁知，刚上来就看到满脸欢喜的天才威和洞洞幺齐声说道："找到了！找到了！"熊大他们疑惑不解：那个人是谁？他找到了什么？那根管子又是什么？天才威高兴极了，竟没有发现后面突然出现了熊大熊二和光头强。

天才威洋洋得意地向生命树走去，却不小心将脚下的管道给踩破了，只见管道里涌出了金黄色的液体，天才威又抬头一看，大叫道："不好，生命树竟然正在枯竭！"一时之间，天空中乌云密布，电闪雷鸣，山洪咆哮着像一群发疯的野马朝这里飞奔了过来。这可怕的一切把熊大、熊二、光头强、洞洞幺和天才威吓得大惊失色，天才威拉着洞洞幺扭头就跑，可是此时跑又有什么用呢？还好光头强急中生智，拿出随身携带的胶带，紧急补好了管道裂缝，暂时抑制住了金色液体的流失，熊大熊二立刻拨通了管道维修局的电话，没一会儿，工作人员便赶来修补管道了。

不过，随管道维修局的工作人员一起来的还有警察叔叔，他们将违法的科学家天才威和他的小跟班依法逮捕了。

点评：

文章富有奇思妙想，为我们构建了一个神奇的管道运输世界。但是全文文章"高开低走"，内容安排十分不合理，前文不必要的铺垫太多，导致即使文章篇幅很长也只能有一个很仓促的不合理的结尾，这是非常不好的。另外，文章在语言上还有很多做得不足的地方，如语病和错别字，以及描写语言过于单调平淡等，不能生动地为我们呈现故事场景。

指导老师：廖叶云　彭家浠

康王中心小学六年级三班　余皖湘
爱好：看书、下象棋

59. 穿越时空之拯救世界管道

　　我本只是一位普普通通的小学生，今天我像往常一样，早早地来到校园。当我正准备走进教室时，我的眼前突然出现了一道暗蓝色的大门，我猛地被大门吸进了一条漫长的管道，随着"嘭"的一声过后，我重重地摔在了地上。我定了定神发现周围的世界已经变得陌生，身边人的样貌跟我十分不同，他们通体天蓝，眼睛闪亮得像玻璃球。

　　正当我疑惑之时，对面走来一个编号为008的人，出乎我意料的是，他竟然还会说话，见到我时也并不惊讶。他对我说："您好，欢迎来到世界管道管理中心，我是您的贴身护卫008，您现在看到的一切，都是真实的。""叮呤呤"，警报突然响了，有人急匆匆地跑过来对008说："不好了，管道病毒HGV来了，赶快带人类进入保护仓！"008听了这话，急忙把我往保护仓内推。"喂，等等，我还有辅导班要上呢！"我急忙对008说，但是008一点儿也不着急，他对我说："这里的一年是您们人类世界的一秒，您不必担心。"可我疑惑的地方实在太多了："那么，我为什么会来到这里呢？"008告诉我，因为他们家族是守护管道的世家，而现在他们所负责的管道运输遇到了一个大麻烦。"我们的CST907人类物资传送管道被管道病毒HGV摧毁了，而能够修复世界管道的只有您了。"

　　我还没有从008的话中回过神来，仓内的灯就变成了绿色。008看了一眼继续对我说："警报解除了，我带您去个地方，请跟我来。"一路上我看到了无处不在的监控和不计其数的高科技电脑。突然，008停下脚步向我介绍道："这里是世界传送物资中心，如果这里有任何一个部件损坏的话，整个世界的管道运输系统就会陷入瘫痪。请您跟我来。"008将我带到了一间密室，这间密室里有数量众多的高科技芯片和无距离传送卡。我说："你带我来这里干什么？"008解释说："这里有您的专属芯片，您拿到您的专属芯片后，就会获取您家族的所有信息。"随后008将我的芯片递给了我，我将芯片握住。接受了这么大量的信息，我一时间还无法消化，但内心也不禁发出感叹："原来……原来我们的家族有着这么重大的任务，原来管道运输对人类有这么重要的作用！"突然管道前方又冲出一个警报员急切地说："008长官，CST907人类物资管道又破损了！""什么！"008大喊道。"请您帮帮我们吧！"008又央求我道。我一脸迷茫："可是我该如何帮助你们呢？"008说："作为家族继承人，您只需要将这8490S——T芯片插进管通里就行了。"我按照008所说的去做，将芯片插进了管道里。很快，管道里的病毒HGV就被消灭了，008的脸上绽放着灿烂的笑容。

最后，我顺利地完成了任务，和世界管道管理中心的人们告别了。这次意外"旅行"让我体验到了管道对我们人类的重要性。我们要保护管道，不能损坏和破坏管道。

💡 点评：

　　文章通过构想一个奇特的管道管理世界，为我们讲述了一个关于拯救管道运输的故事。通过这个故事，写作者告诉我们要保护管道运输的道理。全文情节一波三折，跌宕起伏，有多处生动的对话描写。美中不足的是写作者写作时过于粗心，漏洞百出，对话不是缺少标点符号，就是缺少主语，又或者屡次出现错别字。另外，文章篇幅太长，存在多处与文章主题毫无关系的描写内容，建议删减。

指导老师：廖叶云　彭家浠

三合小学六年级二班　余静雯

爱好：看书、做手工、听音乐

60. 西气东输的管道

　　西气东输是一项举世瞩目的工程，西三线总长度7378千米，施工难度极大，最艰难阶段一天只能推进几厘米。这些西气东输的管道不仅贯穿各地，更连接万家灯火、蘸满亲情泪水。今天，我就讲述一个熊大、熊二、光头强、李老板与西气东输管道的故事。

　　一天，李老板到森林里去砍树，由于忌惮地面上熊大熊二的阻拦，他决定施行地道方法。李老板在地下挖得十分起劲，却不知挖掘机的声音更胜过砍树声，很快就惊醒了熊大和光头强，但是这时李老板感到有些累了，他决定第二天再来。他前脚刚走，光头强和熊大后脚就来了。他们看着被李老板东挖一个洞西刨一个坑、乌烟瘴气的森林感到非常伤心。突然，熊大发现一个洞下面埋有一段管道，光头强认为这不是一般的管道，就又请了一位管道专家来看。管道专家认定这段管道是当年西气东输时遗留下来的，因为管道有一种臭味，还因为里面还有一些残余的油。管道专家多次叮嘱光头强道："这管道必须加以保护，不能让它受到任何损坏。"光头强和熊大熊二把这话记在心里，决定第二天再找李老板理论。

　　可谁知到了第二天，他们却发现那管道已经不在了。原来李老板也发现了管道，觉得这个管道可以卖很多钱，正准备把它拿去卖废品。光头强开着车，争分

121

夺秒地去追赶李老板。他们好不容易追上了李老板，光头强大道理、小道理讲了几箩筐："这管道是给一些贫困地区输送资源的，我们应该将它埋在一个安全的地方，不能这样把它卖掉……"可是，李老板就是油盐不进，但是光头强也不是轻易放弃的人。经过几个小时的理论，光头强他们终于把李老板说服了。他们一起联系了西气东输的相关工作人员，归还了管道，还受到了工作人员的表扬。

西气东输的工作并不简单，管道的工作人员总是为大家舍小家，他们是为了中国每一户人家的灯火而回不了家。在我心中，这西气东输的管道并不是一条普通的管道，我们要保护它，并向管道的工作人员致以最崇高的敬意。

💡 点评：

文章主要内容应该是"西气东输的管道"，而非"我心中的管道运输"，为了内容着想最好修改一下题目。全文通过讲述森林里的管道来告诉读者西气东输管道的重要性，但是文章的情节内容设计不够科学，特别在最后处理管道的部分，根本不符合常理，这是需要修改的。另外，文章语言基础很差，错别字和病句频出，希望写作者能认真反思自己的写作态度。

指导老师：周　浙

康王中心小学五年级三班　刘涵悦

爱好：看书，因为我很喜欢在知识的海洋里遨游的感觉。

61. 我心中的管道运输

　　"整个港口，化学物品爆炸量相当于二十颗原子弹，一旦爆炸的话，这里将变成一片死海。"电视里正播放着《烈火英雄》的影片，这一句台词引起了我的深思。当烈火迅速蔓延，当爆破发生，人在火龙面前显得特别渺小，有时甚至无能为力。这灾难性的事故虽然看得我毛骨悚然，却也激发了我的兴趣。看完电影后，我和父母一起在网上查找了相关资料。原来，《烈火英雄》是以"7·16"大连保税区石油运输管道起火爆炸事故为背景改编而来的一部电影。

　　思考着为什么会爆炸、管道是什么等问题，渐渐的，我进入了梦乡……

　　睡梦中，我竟然变成了一只下水道里的小老鼠！好奇心驱使我马上爬出下水道去看看，啊！水管已经变成五颜六色的了。不，准确地说，水管是透明的，里面的五颜六色应该是某种新型液体。我顺着这些管道爬到建筑物的上面，发现房顶有工人正在施工，他们好像在装管道，我感到疑惑不解：难道他们不怕挖到别的管道吗？但是经过我的观察，我发现施工的工人们手上都拿着一个好似吸尘器的东西。我后来才知道那个东西就是探测器，用于检测管道，方便施工人员避开这些管道，这样也就避免了事故的发生。

　　我再爬到外面一看，妈呀！空中井然有序地摆放着一些管道，有的充当道路，行驶着汽车；有的则作为人行道供市民散步；甚至还有的管道里展览着美丽的衣服！这或许是在打广告吧。我还看见有的管道内整齐地摆放着一排排快递盒子，原来在未来，运输快递已经如此便捷。

突然，我看见前方有许多人都在朝着同一个管道口走去，我利用自己老鼠这个渺小的身材，也跟着他们进了管道。管道一片黑暗，随后，我的周围慢慢地变成了一片湛蓝，后来我才发现，我竟然进入了海底！我看着眼前丰富多彩的珊瑚礁和五彩缤纷的鱼群，心情舒畅极了。但是就在这时，我突然看见一只大鲨鱼正在飞速地朝我的方向游来。不好！管道有被撞击的危险！人们都惊慌失措地跑着、叫着，身材渺小的我更是走为上策。这时，导游说话了："各位旅客请不用担心，我们乘坐的管道是用环保材料建造的……"导游的话还没说完，就被人群中的一个人打断了："导游，光是环保又有什么用？如不结实，还不是照样会被鲨鱼吃了！"听他这一说，人群里也有人附和道："对呀，他说得没错！""怎么办呀，导游，我可不想被吃！""我也是"……就在人声鼎沸的时候，导游用扩音器喊道："各位旅客，请不用担心，我的话还没说完呢！这条海底管道的制作材料与其他管道不同，是绝对不会被鲨鱼撞坏的，早在实验室中科学家们就已经反反复复进行了无数次类似真实情况的实验了。"听完导游的话，我心里的一块大石头才终于落地。

这就是我心中的管道运输！一个已经非常先进的管道运输系统，一个不会再引发事故的管道运输系统，让我们期待它在我们的生活中早日出现！

点评：

全文奇思妙想，为我们介绍了一个未来的管道运输世界，情节有趣。

指导老师：曾　佳

康王中心小学六年级二班 高 启

爱好：听音乐、打篮球

62. 通往海洋的管道

随着我的钥匙响过一阵"交响乐"后，我家的大门被打开了。我走进客厅，像一个"烂柿子"一样瘫在了沙发上。"真累啊！"我自言自语地说道，嘟嘟囔囔中我已经进入了梦乡。

一觉醒来，我忽然发现家里的洗衣机里发出一点一闪一闪的亮光。我好奇地将洗衣机盖打开，没想到一股力量将我吸了进去。等我醒来时，发现自己正蜷缩在一个黑漆漆且十分局促的地方。"救命呀！救命啊！"情急之下我只好大声地喊道。"滴答，滴答"一滴滴水打湿了我头发，没等我反应过来，水流便开始变大，将我冲了下去，"咕噜咕噜……"

等我再次醒来时，发现自己在一个巨大的宫殿里。环顾四周，我看见宫殿最前方有一个巨大的宝座，上面坐着一个上半身是人，下半身是鱼的怪物。我心里一惊，不知该怎么办才好。忽然，宝座上的怪物竟然开口说话了："你好。"我害怕极了，结结巴巴地回答道："你……你好。"停顿了一会儿，那个怪物居然也并不搭腔，我只好主动开口询问："你是谁？这是哪里？"那只怪物瞪大了双眼说："这里是海洋王国，我是国王乌木里，你是我们的人质，你只需要安静地等待你的同伴来救你。"怪物话音刚落，一只鱼就冲进宫殿大声说："国王，不好了，人类又来了！"

　　从他们的讨论中我知道了事情的原委：原来，由于人类对海洋的破坏，海底世界变得一片混乱，海洋王国的子民迅速死亡，鱼儿们无奈，只好建了一个管子，将人类捉来当人质，而我就是人质之一。但是海底世界的公民们没有想到人类为了自己的利益竟然对同类不管不顾，对海洋的破坏一点也没有减少。正在此时，国王已经对我起了杀机，他对我说："你对我们已经没有一点用处了，来人！把他带下去吧！"这时有两条强壮的鱼守卫朝我走来。我见势不妙，挣扎着跑出了宫殿。我一路狂奔，来到了一个管子旁，不顾一切地钻了进去，可当我爬到一半时才发现这条管子被塑料堵住了。我焦急万分，急切地呼叫着，就在这千均一发之时，一阵水流朝我冲来……

　　等我醒来时，发现自己正坐在沙发上。我不由自主地看向洗衣机，刚刚的经历真实得简直不像是一场梦。霎时间，我竟不知刚才发生的是真还是假，但是好在现在的我是安全的。这场梦让我不禁想到：如果人们再不减少对大自然的破坏，恐怕真的会自食其果，这样的"管道"也会越来越多。所以，请爱护大自然吧！

💡 点评：

　　文章通过自己的奇思妙想为我们构建了一个奇特的海底王国，也通过讲述自己的"经历"告诉大家要保护环境、爱护自然的道理。全文脉络清晰，情节合理。但是写作者在行文中还是存在好几处语句不通顺、成语使用不当、语病和错别字等基础语言错误，在语言的生动性上也还有许多不足之处。另外，文章还应注意正确划分段落。

指导老师：叶　子

康王中心小学六年级二班　刘馨菲

爱好：绘画、看书、听音乐

63. 管道中的另一个世界

在一个狭小的管道中，我发现了一个惊天动地的秘密——管道中有另一个世界。

那天，我还是一如既往地去上学，"今天轮到我打扫卫生了。"我开心地想着。我先是拿起扫把挥了几下，随后又拿起了拖把，和拖把跳了一个"华尔兹"，最后我"变"了一个魔术，我把地变成了一个透亮的镜子。看着自己的成就，我的嘴角不由自主地上扬。终于打扫完了，去买一瓶牛奶奖励一下自己吧！我兴冲冲地跑下楼，在买牛奶时我的眼睛转移到了另一个地方——一个以前从未见过的管道。突然，管道发光了，怎么回事？好奇心驱使我蹲下身子，把脸凑过去，可是一瞬间，我的身体慢慢缩小了，我被管道吸了进去——"啊"。

我来到了像隧道一样的管子里，推开了管道的门，看到了一些像外星人一样的生物。我吃惊地看着他们，但他们却恰恰相反，只用一种习以为常的表情看着我。经过他们的描述我才知道：他们是管道中运输快递的"小小运输队"，为了保证全球各地的快递能够准确无误地被送到快递主人的手里，运输队的工作人员知晓每一位地球居住者的具体信息，所以，他们也对我了如指掌。

外星生物刚向我解释完这些，"嘀——嘀——嘀——"，我的背后就传来一阵警笛声，运输队队长惊慌失措道："不好，运输病毒来啦，赶快，我们赶快躲到密室里去。""遵命，队长。"其他人纷纷应和着。我跟着他们先是通过了红外线扫描，再通过了全身扫描，又通过了密码石门，最后我们来到了一个像仙境一般的地方。这里就是他们居住所，生活用品应有尽有。我们躲避了几分钟之后，运输病毒终于走了，运输队长也向我解释了事情的真相：原来牛奶小卖部旁的管道是他们故意安放的，这是因为最近运输病毒越发猖狂，管道发生破损的情况越来越多，所以，时空隧道开始出现混乱，快递投放时常出错，他们想找人类来协助他们维修管道。于是我便来到了他们这个世界。

"为什么你们自己不去维修管道呢？"我还是疑惑不已。他们的队长回答："时空隧道出现了混乱，我们人手紧张，没有多余的工作人员能够派去维修管道了。""请你帮帮我们吧！"运输队的工作人员不约而同地说。看着他们这副模样，我于心不忍，便答应了他们的请求。运输队队长继续解释道："上一次我偷听到运输病毒的谈话，它们说它们的密室里有用于修补管道的维修漆，目前我们需要先拿到维修漆。"我心想：运输病毒那么狡猾，放东西的地方应该机关重重。

接着我们来到了武器仓库，这儿有各种各样先进的武器，但我为了方便只拿上了专门对付病毒的武器。很快，我们便来到了运输病毒所在之地。

糟糕！一个病毒趁我不备朝我冲来，我拿起武器就和病毒来了一个"亲密接触"。不妙！我居然落了下风，受了伤的我急忙往地下的一个管道跳了下去，不小心碰到了管道里的一个按钮，结果我就这样阴差阳错地打开了一个暗门。运输病毒果然和我想的一样阴险狡诈。我悄悄地走进暗门内，一眼就看见了房间里的一箱维修漆。我赶忙把维修漆拿出来，原路返回维修小队的大本营。我顾不上身上的伤，迅速地打开了维修漆的盖子，拿起刷子，对着被破坏的管道涂了几下，神奇的事情发生了：管道破裂的地方立马就合起来了。

"这个管道破损，都是人类的破坏所造成的，而那些病毒则是人类邪恶的化身。"队长向我解释道。听到这些话我很惭愧："对不起，我替它们向你道歉。"我羞愧地说。"不，你没错，你可是我们的恩人呀！"运输队长也不好意思地说。

最后，我离开了那个世界，管道中的秘密永远留在了我的心中，但我却越来越看重环境保护，因为我再也不想让维修小队们陷入那样的困境之中了。

💡 点评：

　　文章通过自己的奇思妙想，为我们构建了一个神奇的管道运输世界。全文故事情节一波三折，跌宕起伏，很有看点。但是请注意，如果安排了很多的情节内容，就请一定要认真地对待每一处情节的发展，不要用相同的语言单调地讲述故事，更不要因为前文篇幅过长就随意结束后文的内容。该文存在几处前后矛盾的故事情节需要修改，还有几处对于主角的心理描写过于曲折复杂，且表述过于单调，需要进行适当的调整。另外，本文还要注意一下错别字、病句之类的基础语言错误。

指导老师：叶　子　万　龙

七里河小学五年级一班　肖瀚文

爱好：围棋、数学、看书

64. 读书之路

我第一次接触有文字的书大概在四五岁，准确地说，在这个年龄段，我不是自己读，而是我的妈妈在临睡前给我读故事。书的名字叫作《360个睡前故事》，其中有着狡猾的狐狸、仁慈的大象、延续后代的黄鳝、力大无穷的猩猩……它们让我在幼年时对动物有了大致了解。到了我幼儿园大班开始练习造句时，我总能造出与动物有关的句子。

小学三年级，我开始每月定期看期刊，期刊名叫作《实用文摘》里面有校园里突发事件的应对措施，有人生感悟，还有使人深思的父母的爱。我最感兴趣的是"冷知识"这一篇章，它往往能改变你对生活的这个世界的认知，让你越来越关注世界。可是，一本书中的冷知识实在太少了，我便会每月摘抄，时常翻翻本子，能带给我不一样的快乐。比如说，猫为什么爱吃老鼠，你可能觉得因为猫只能吃这些鱼、鼠肉之类的，但事实上是，猫吃老鼠，是要补充它眼睛里的叶黄素，只有老鼠有叶黄素，也只有叶黄素才能让猫的眼睛在夜里看清东西。看！这世界多么奇妙啊！

小学四年级，我不仅限于《实用文摘》中的冷知识，直到周嘉辉有一次给我展示他的书——《我们爱科学》，我立刻觉得我就像秦王得到长生不老之药，这令我非常高兴，我如同一个快渴死的沙漠探险者，仿佛上天已经安排好了，我的眼前就是一望无际的绿洲。放学后，我便马不停蹄地跑到书刊部，买上了"救命稻草"，我便开始一心一意地读它。我对这本杂志尤为感兴趣，这对我五年级时说明文的学习起到了极大的帮助，如果说明文是一扇大门，那么《我们爱科学》就是一把金钥匙。

由于《我们爱科学》是两月一期，这使我多次书荒。我觉得《我们爱科学》对历史知识尤为重视，我便打算先精通历史，再读科学，岂不更简单。

2020年10月，我得到了第二套"精史"（2019年读的是《漫画简史》，共4本），全套共有12本，上至盘古开天辟地，经过夏商周、春秋战国、秦汉、三国两晋南北朝，下至隋唐宋元明清、民国、中华人民共和国成立，包含了上百个历史典故。我看完一本，就会想想我读了些什么，有时写写自己对历史的看法，表达一下以史为鉴的感悟，从而发现生活。

点评：

　　小作者不愧为班上的阅读小达人，以时间为写作顺序，回忆了自己的读书之路，字里行间饱含着对书籍浓浓的热爱之情。同时也写出了在读书的过程中总结出的一些阅读方法、获得的科学知识和人生感悟等。你的读书之旅，的确使你的收获颇丰！

指导老师：豆爱霞

燕山二小三年级二班　余诗乔

爱好：运动

65. 秋季运动会

十一月秋高气爽，在一个特殊的日子里，我们学校召开了第一季秋季运动会，让我们一起去看看吧！

操场上的欢声笑语将运动会的开幕式烘托得格外热闹：看，每个班级都排成整齐的方阵等待主席台上领导们的检阅。统一的校服、有力的步伐、响亮的口号，太壮观了！很快，我们班的队伍就来到了主席台前，同学们大声地喊出了我们班的口号："三年二班，非同一般，扬帆起航，奋勇拼搏！"

开幕式暂告一段落，比赛很快就开始了。作为五十米跑运动员的我早早就在跑道上的起点处等候。终于到我了，只听见裁判员口哨一响，大家便如箭一般互不相让地往前冲。一开始我跑在第一名的位置，可是好景不长，很快我就被其他的同学超过，从第一名变成了第四名。我虽心有不甘却也心服口服，到达终点时我不由自主地欢呼出声："耶！到终点了！"

在本次比赛中，我与五十米跑步的前三名失之交臂，这其中也有我练习不勤奋、准备不充足的原因。下次运动会我一定要做好充分准备，争取拿到第一名！

点评：

文章按照时间顺序平铺直叙了一场秋季运动会。文章在结构上存在没能正确分段的问题，恰当的分段位置已在文中点出。文章的表述语言略显单调无味，在人物的心理描写上也还不够出彩，建议写作者可以适当增加一些比喻或者拟人的修辞手法，使用一些好词好句来丰满文章的情节和人物形象。另外，文章还存在一些笔误和错别字的基础语言错误，需要引起注意。

指导老师：谢　眺

长沙华夏实验学校二年级　方中皓

爱好：踢足球、读书、唱歌

66. 我和我的家乡

我的爸爸是一名管道工人，我跟着爸爸去过三个地方，也就有了三个家乡。

我出生在新疆，这里是爸爸参加工作的地方，也是我的第一个家乡。别人的爸爸常常需要出差，而我的爸爸则是"上线""动火"。我从小就听着这些管道专属名词长大，也了解到爸爸所做的管道工作是伟大的"西气东输"工程中重要的一部分，我很为我的爸爸骄傲！新疆的夏天天气凉爽，瓜果飘香；冬天白雪皑皑，身着盛装，是个不可多得的宝地，欢迎大家来新疆旅游。

我的第二个家乡是河南老家。我的哥哥姐姐都生活在这里，他们都很喜欢我，可惜我们只有过年的时候才回老家。最近几年我的老家也通上了管道，和城市一样用上了天然气，家人们煮饭烧水都更干净方便了，我逢人就骄傲地说，这方便的天然气就是我爸爸用管道运来的呢！

长沙是爸爸现在工作的地方，是接通运输管道的新城市，是我生活和学习的地方，也是我现在的家乡。这里人杰地灵，人才辈出，处处都是有趣的灵魂，有我要好的朋友同学，有严肃而又慈爱的老师；这里山清水秀，风景如画，遍布名胜古迹，有美丽的岳麓山、广阔的松雅湖；这里美食如云，遍地小吃，无处不是闻名全国的美食，最著名的是臭豆腐，不过我最喜欢"茶颜悦色"。

爸爸说无论他要去哪里工作，都会让我在我最喜欢的长沙读书。我也告诉爸爸，无论他去到哪里，我都会紧紧跟随他的步伐，跟紧管道的步伐，让那里继续成为我的家乡。

我爱我的每一个家乡！

💡 **点评：**

文章叙述能力很好，能够条理清晰地介绍"我"的三个家乡，全文语言虽然朴实却已经非常富有真情实感。但是在语句表述中，还可以通过增加句子之间的衔接词来使表达更顺畅。另外，如果能够在文章中增加一些具体的细节描写和情感抒发，再将管道运输与"我"的每一个家乡联系起来叙述，这篇文章的等级会更高！

指导老师：陈晓萍

石桥小学六年级　龚望航

爱好：足球、跑步、画画

67. 我心中的运输管道

在一个风和日丽的日子，我和朋友约好了要去他家玩。到了朋友家，朋友对我说："我们家附近有一个废了的工厂，那里有许多有意思的东西，不如我们去探险吧！"我们一拍即合，迅速地出了门。进了工厂，我们像警察巡视街道一样"警惕"地寻找着"宝藏"。

等等，这是什么？这东西像运输管道似的，上面还写着："注意安全"的字样。好奇心充满我的身体，我想灵于紧爬进去。朋友却说还是注意安全，我回家拿头盔。戴上头盔后我俩兴奋极了，这时朋友找到了一个按钮，他和我一样好奇。于是，我用眼神示意他，可是当他按下按钮的那一瞬间，运输管道似乎被启动了，我们没来得及爬出去就被一股神秘的力量吸进了管道。慌乱中，我看了看四周，感觉自己好像是穿越了，心想："我可不想去古代啊，古代很无聊。"没等我多抱怨几句，我们就来到了另一个全新的世界。"嗯？这好像是未来的城市！"我在一个透明的运输管道中自言自语道。突然，管道中传来智能的机械女声："您好，我是智能管道的管家，您可以把您想去的地方告诉我，我将马上为您安排旅程。"我吞吞吐吐地说了一句："我想回家。"说完，管道便以每小时100公里的速度在城市中穿梭着，不一会儿就把我带到了我未来的家中。

在行程中，我在街上看到了好多运输管道，这些管道主要有两种颜色：蓝色和绿色。我很疑惑，于是我就问了智能管道管家："你好，请问为什么大街上的管道分两种颜色？"管家向我解释道："绿色管道是专门传送人类的管道，相对于蓝色管道要大一些；而蓝色用于动物的传输。"在对管道运输有了一定的了解之后，我有了一个大胆的猜测，是不是我还能回到2020年？"智能管家，你还能把我传到2020年吗？"我试探地询问着。果然不出我所料，智能管家满口答应着："没问题，交给我吧！"说完我又在管道中穿梭，这一次我没有闭眼，却也什么都没有看到——管道运输只花了一秒钟就把我送回了废弃工厂。

回来以后，我和家人说了这件事，可家人就是不信，还说我是被吓破了胆。

💡 点评：

　　文章的故事情节富有奇思妙想，为我们刻画了一个奇特的蓝绿管道运输世界。全文脉络清晰，脑洞大开。但是美中不足的是，文章屡次出现句子标点符号不完整的低级错误，还有多处错别字和病句的基础语言错误。另外，文章语言的生动性还做得不是很好，可以考虑再增加一些对于主人公的神态描写，使文章更加出彩。

指导老师：李惠花

大同二小三年级六班　罗子谦

爱好：打篮球、画画、拼乐高、
手工美食

68. 不湿的纸巾

今天的作文课，老师不知为何端了一盆水进来。

大家好奇地问："咦，老师你怎么端了一盆水呀？"老师说："今天我们要做一个小实验。"大家听了兴奋不已，纷纷问老师做什么实验？老师说："今天做的这个实验名字叫作'不湿的纸巾'。"

老师首先拿出所有的材料，有纸、杯子和一盆水。实验开始后，宋丫丫拿出一张A4纸，再把纸用力揉成一团，又把纸团塞进杯子里，最后把杯子直接倒过来扣进水盆里。看到水进到了杯子里，我想：纸肯定湿了。当老师拿出杯子来一看，果然，纸湿了。宋丫丫毫不犹豫地再来一次。当她这次拿出纸杯给大家看的时候，大家都惊呆了，那个杯子里的纸一点也没有湿。我大声喊道："太神奇了，我也要来试一下。"我全神贯注，像老师一样，先把纸揉成一团，再放进杯子里，最后把纸杯翻过来，慢慢地往水里面压，当我拿出杯子一看，没湿！我乐得跳了起来。

我好奇地问："宋丫丫，这是怎么回事呀？"宋丫丫说："因为空气是无处不在的，当杯子进到水中的时候，杯子里的空气阻断了水的进入，所以，纸仍然是干的。"我这才恍然大悟。

科学实验可真神奇啊！

点评：

　　小作者的写作思路清晰明了。开头介绍实验的名称，点明主题，但稍稍有点简单，没有让人耳目一新，瞬间吸引读者的眼球。中间部分的实验步骤很详细，运用了顺序词，让人一学就会。通过语言、动作、心理等描写展现出有趣的实验过程，同时还设置了困难，并对实验原理进行了详细介绍。结尾表达出自己的感受，即科学小实验非常神奇，还可以谈谈自己的收获。

指导老师：杨婷婷

康王中心小学六年级二班　周　奕

爱好：听音乐、绘画、阅读

69. 空中管道

在很久很久以后的二十二世纪，随着科技的不断进步，出现了许多的高科技产品。要说最具代表性的，非"空中管道"莫属了。

这些管道的设计十分新颖。它们像极了那种高大的桥梁，但又与那些桥梁不同的是，这些管道是靠着一种磁场"飞"在空中的，与桥梁相比也更加宽大、结实，就好像空中的巨龙。运输管道在空中交会，主要分成三个类型：第一类是蓝色的管道，它是专门给车辆通行的；第二类是白色的管道，这里是专门供行人和自行车通行的；第三类是黑色的管道，黑色管道有些特别，主要在于这个管道从外面看根本看不见里面有些什么。为什么设计成这样呢？原来呀，它是专门用来运送物品的，为的是保护运输物品，不让其显露出来。

这些管道的好处可是有很多很多的。比如蓝色的管道设计得十分宽大，在这里面还有许多智能交通机器人。机器人二十四小时都在岗位上，这样就可以非常有效地避免堵车和交通事故的发生。另外，管道还设置了许多出入口，这些出入口可以帮助我们快速地寻找并到达目的地。在白色管道的道路两旁种着许多的绿植，它们使得管道内的空气更加清新，让人心情舒畅。白色管道一共被分成了两条道路：一条是人行道，人们可以在上面步行；另一条是给自行车通行的道路。把道路分别设计是为了避免人与自行车之间的碰撞。黑色的管道也具有特点：在管道内部有许多由内向外凸起来的小圆柱体，这些圆柱体连接着每家每户的收货窗口。黑色管道内还有一个神器——一个十分庞大的"加速器"，这个加速器可以让任何物体在一分钟之内到达你想送达的地方。

我们的生活中需要运用管道运输的地方可真不少。在运动会上，当运动员跑得太累需要补充水分时，就可以让同学在看台上将水传送过来；和家人们去公园野餐，就可以从蓝色管道中走便捷通道过去，这样既可以保证我们的安全，又可以迅速地到达野餐地点；当遇上糟糕的天气时，可以通过白色通道去散步、骑自行车，这样的话我们的生活就不会受天气影响了！

从这些点点滴滴中，我们就可以看出管道对我们的生活是多么重要了。我希望在不久的将来空中管道会出现在我们的生活中！

💡 **点评：**

全文通过对未来高科技的展望，想象出"空中管道"，分别从三个方面去描写，这三类也是我们现在生活中常出现的交通要道。作者通过颜色对其进行分类，在阐述完分类和特点后还结合实际去讨论，文章具有说服力。但在一些用词和语句表达上，写作者需要多加注意，文章才会更加流畅。

指导老师：叶　子

康王中心小学六年级二班　胡　灵

爱好：阅读、打羽毛球

70. 地球的生命通道

在广袤无垠的宇宙中有无数的行星，璀璨的行星"挂"在宇宙中，大大小小的行星在各自的轨道上运行着。也许每颗行星都有许多的"兄弟姐妹"，但要数关系最好、最亲密的应该是地球和火星，它们被大家称为"姐妹星"。可因为距离遥远，所以聪明的地球人和火星人在两个星球之间建起了一条相通于两个星球的管道。

地球人因为滥用资源，导致能源枯竭。本来是海洋遍布的地球现在到处都是沙漠，黄沙翻滚，狂风肆虐，天空灰蒙蒙一片，仅存的淡水也只够动物与人饮用一小段时间。于是，地球上的科学家通过管道向火星发出了求救信号，并且承诺道：如果火星愿意伸出援助之手，将不再滥用资源，一定好好保护环境。

火星总部的人员接到求救信号后，立即召开会议，讨论要如何帮助地球。于是总部队长就派出了三名最优秀的特工哈罗、海文、景华，负责把能源送达地球。他们乘坐"时光2号"飞船，载上能源，穿过管道向地球飞去，一直开到两颗星球相连的管道中。当"时光2号"开到半路上时，突然，飞船的引擎出现了问题，发动机也因此受到影响，飞船在管道中逐渐失去控制。他们三人一时没有反应过来，等到飞船发出了轰隆隆的声响时，海文才意识到是飞船出现了问题。

就在三人不知所措时，他们突然看见管道上升起了一个平台，将飞船慢慢托起，随后出现了几个机器，对着飞船的引擎和发动机进行修理。他们很是惊讶，看着这些机器人神奇的操作，才意识到这个管道的神奇之处。海文说："这个管道原来不仅仅是我们两个星球的连接通道，它还有拯救飞船的功能啊！真是太棒了！""是啊，当时地球人提出的设计果然很厉害！管道救了我们，我们也尽快去拯救地球吧！"哈罗说道。"好！出发！"

到了地球后，他们三人一下飞船，便被眼前荒凉的景象惊住了。他们立刻把能源放进地球中心，等到能源输送到各个地方时，地球慢慢恢复了生机。当他们站在通往回家的管道上，看见地球上的花草又开始重新盛开，人们都来到管道口向他们表示感谢，感慨地说："多亏了这两个星球相通的管道，让我们之间的关系更密切。"哈罗说："好啦！任务完成了，我们走吧！"于是，他们踏着余晖，乘上飞船，告别地球人，飞向火星。

点评：

古人说生于忧患，死于安乐。作者在小小年纪就开始担心地球的生态问题，由于人类滥用资源导致地球资源枯竭、水源枯竭的现象发生。小作者认为，它山之石，可以攻玉。人类想要摆脱困境要借助火星的能源，通过管道把火星能源运输过来，这样问题就迎刃而解了。真是奇思妙想，思虑长远。

指导老师：叶　子

康王中心小学六年级一班　李平平

爱好：阅读和唱歌

71. 保护管道，人人有责

　　在2032年，天空中布满了整齐有序的"飞龙"，在每一条管道内都配置了看守人员和警察，为的是保护管道的安全。

　　这天，在大街上远远便可看见一群贩卖毒品的人紧跟着他们的老板游荡在街上。只见毒老板生气地大喊："一个小小的管道居然不让运毒品，今天不给他点颜色看看，我就不姓毒。"愤怒的毒老板心生一计，和兄弟们嘀咕了几句便向管道跑去。过了一会儿，有两个人带着一箱东西向毒老板跑来，毒老板打开箱子，是炸弹！原来毒老板试图炸毁管道。就在这时，管道内的警报突然响起，毒老板吓了一跳，管理员熊大熊二及时赶了过来，警察也随后赶到。毒老板面对警察的抓捕，只能选择落荒而逃。糟糕，毒老板逃跑的那条路正是那条拥有超高磁场的管道，只有高速列车才能够通过。此时的毒老板没有了自我意识，他正在被磁场控制着。科学家们匆匆赶来，见到这个情况说道："只有有人愿意穿上这身磁盔甲，并且有很大的力气才有可能把他拉回来。"因为时间不多了，也没有一个合适的人。在这千钧一发之际，管理员熊大挺身而出说："我去吧！"警察长官说："去了，你可能就回不来了！"熊大和警察对视了一眼，伸手拿上盔甲决定搏一把。于是，大家在一起商量了对策，熊大便向毒老板前进。熊大到了毒老板跟前，一把抓住他往回拽。但磁场的力量太强了，熊大拼尽全力才把毒老板从管道里救出来，毒老板被警察抓获了。

管道终于安全了，"愿管道可以永远和平下去！"人们望着周围宁静祥和的世界祝愿道。

💡 点评：

作者通过丰富的想象力描述了在管道里发生的毒贩意图炸毁管道的事件。整篇文章的结构清晰，但事情的描述稍显欠缺，对于管道的描写也过少，没有结合中心主题去描写。在句子的表述上，作者往往过于口语化，一些句子存在语序错误，加以改正会更好。

指导老师：王　彬　万　龙

康王中心小学六年级一班　周思怡

爱好：朗读、绘画和阅读

72. 我和管道的秘密

唉！又是个加班的夜晚，我按照惯例去检查管道。突然，一阵风吹来，眼前闪过一道光，恍惚间出现了一个光环，轻声地对着我说道："小姑娘，进来吧！进来吧……"我惊慌地大喊道："你……你是谁?快……出来，不要再装神弄鬼了，我不会怕你的！"但好像并没有用，紧接着我被一股神秘的力量吸了进去。

我迷迷糊糊睁开眼睛，眼前的一切事物对我来说很熟悉却又很陌生。四周环绕着成千上万条各种形状和颜色的管道，每个管道都有一个人负责。我在里面转悠着，突然一个名叫831号的管道吸引了我的注意。它和其他管道并没有什么不同，但我就是被它所吸引了。之后，管道总管便将它交给我管理。

过了一段时间，我发现它已经是我生活中必不可少的小助手了，我给它取了个好听的名字，叫做小小兔。在一次运输的过程中，小小兔意外解锁了语言功能，所以，我们不仅能一起聊天，在工作上的合作也便利了许多。这天，我像往常一样去接收快递，可看到地址时我惊呆了！上面写着：月球广寒宫，嫦娥收。我差点儿尖叫起来，可是我在管道中不能大声喧哗，只能收起这快从嗓子眼里蹦出来的激动了。我一路狂奔去找小小兔，满心欢喜地说："小小兔，我们可以去月球了，可以看到嫦娥姐姐和玉兔了，我好开心啊！"小小兔惊讶地说："主人，这是真的吗！事不宜迟我们赶快出发吧！"

在激动之后我们踏上了奔往月球之路。小小兔缩起身体，变形成一个飞船，我坐进小小兔的身体里，打开了座椅，系好了安全带。我点击了一个按扭，小小兔的身体就关上了船舱，开始缓缓地往上升。本以为可以一览无余地球和宇宙的美景，可谁想到，我看见的星球却布满了垃圾，我心里很是难过。我们人类不仅没有好好地爱护自己的家园，甚至还影响到了其他的星球。小小兔开口说道："对啊，我有一位朋友，因为运输垃圾的重量过多，身体承受不住，最后超负荷工作损坏了。""目地的已到达"系统说。月球上的景象让人叹为观止，干净的表面清新的空气，让我们心情愉悦。嫦娥姐姐派玉兔来迎接我们，还热情款待了我们。嫦娥姐姐说："小姑娘，地球现在的环境怎么样了？"我说："嫦娥姐姐，对不起，我们没能保护好我们的地球，甚至也影响到了其他的星球。"嫦娥姐姐温柔地说："小姑娘，不用自责，又不是你一人造成的，这样吧，你们以后要定期清理地球上的垃圾，与此同时，提醒身边的人保护好环境，好吗？"我看着嫦娥姐姐，爽快地答应了。

之后我和小小兔定期就会去月球拜访嫦娥姐姐。我和小小兔还带领大家及时清理垃圾，为我们的地球贡献一份力量。这两件事也成了我和小小兔之间的秘密。

💡 点评：

文章通过作者是一个管道工作者从而描写与管道机器人"小小兔"的奇遇，并且在之后联系了环境污染问题去描写，在结构上问题不大，但作者在句子的表述上存在的问题较多，需要注意句子之间的联系，这样才能使文章读起来更加通顺，也能让文章更加优美。

指导老师：王　彬

康王中心小学六年级一班　李文嫣

爱好：读书、跑步

73. 管道内的神奇世界

在当今时代，管道已成为我们生活中很重要的运输工具了，管道公司便成了我们工作的选择。我有幸成为了管道公司里的员工，我的任务就是每天修理管道和往管道中投放运输物品，主要职责是看管管道安全运输货物。

这天，我像往常一样开心地穿上了工装，来到了地下运东西的地方。我来到了透明的管道前，将快递送到了管道中，并将本地快递从管道中取出。这时又有一个重达好几百斤的货物需要运输，我有些担心管道是否能够承受住这么重的货物。但我的担心显然是多余的，在巨大无比的坚固的管道面前，这个货物不算什么，它很顺利地便通过管道运输出去了。

有一天早晨，当我迷迷糊糊刚睁开眼时，发现已经十点了，我急急忙忙地上了公交车，车刚开了一会儿，马路上就被堵得水泄不通。万般焦急的我只好到了下一站下车向公司狂奔而去。这时，有一个身穿蓝色制服个子不高的叔叔出现在我的面前，温柔地说："你好，你去哪儿，要送你一程吗？""您好，我想去管道公司。"我回答道。他带我来到一个地下室，里面有许多机器和管道。我问："这个就是管道公司开发的管道运输吗？现在还可以载人了吗？""当然了，科技越来越发达了，你快进来吧！"叔叔说。我充满好奇地进入了管道中，没想到里面又是一个新世界：氧气瓶、水、食物等物品样样齐全。叔叔对着掌控屏说："去管道公司。"于是管道便启动了，没有一点儿噪音，仿佛才一恍神的工夫，我就已经到了公司门口了。往外一看，公交车还被堵得看不到影儿。我到了岗位上，继续做我的工作。

未来，管道在我们生活中真是太实用了，不仅仅能为我们提供运输货物的便利，就连人都可以接送了，真是令我大开眼界啊！

点评：

这是一篇主要描写管道作为交通工具在我们的生活中应用的故事，与作者的题目有些偏离。在文章中，作者还描写了自己在管道内工作的情景，这两件事分清楚主次便可以找到重点。在句子的表述上有些句子前后连接不恰当，使得句子读起来不通顺。作者可以在描写句子时多加思考，让文章更加生动形象，引人入胜。

指导老师：王　彬

三合小学六年级二班　余子胤

爱好：打乒乓球

74. 我心中的管道运输

管道运输在你们心中是怎样的呢？可能你们会觉得管道运输就是在地下埋入管道就可以了。可大家都想错了，事情并没有我们想得这么简单。

西气东输是从西部将管道建到东部去，将西部丰富的天然气资源运送到东部。这是一项非常伟大的工程。因为这些管道让东部的人们能够使用上天然气，从而过上更加幸福美好的生活。管道建设者们为了我们的幸福生活牺牲了与家人团聚的时光，这就是舍小家为大家。并且他们每天都要在天气极其恶劣的环境下工作，还要时常检查管道是否出现问题，如果出现问题就要花很长的时间来维修。当我们春节和家人一起吃团圆饭时，他们往往要坚守工作岗位，只能通过手机屏幕和家人聊聊天，互致问题。

西气东输工程就像一条巨龙飞向全国各地，跨越高山，穿越江河。管道的修建常有遇到困难的时候，当沿途的居民要挖池塘和河渠时，有可能会挖到管道，导致气体泄漏，随时都可能爆炸，非常危险。而工程师们为了不让别人挖到，就在埋了管道的上方放置警示柱，如果仍然有人一意孤行，管理人员便会出面解决。正告他这是国家的大工程，不能为了一己私利而去破坏它。

我们应该向管道工人们致敬，向他们学习，同时我们更应该为我们伟大的管道运输工程而自豪！

💡 **点评:**

　　这篇作文主要描写了管道工人的工作环境以及管道工人舍小家为大家的无私奉献的精神风貌,与管道的主题虽然有些偏离,但可以看出小作者富有观察力和同情心,能够设身处地为工人着想,也能推己及人告诉我们管道建设耗费太多国家和管道工人的心血,倡议大家都要保护管道,尊重劳动成果,为国家的管道工程自豪。

指导老师:周　浙

三合小学六年级二班　付柯南

爱好：做手工

75. 我心中的管道运输

我国天然气西气东输管线构成了4万公里的能源大动脉，5亿人从中受益，已成为我国乃至全球受益人口最多的天然气管道工程。

西气东输一线干线以新疆塔里木气田为主供气源，西起新疆塔里木轮南，东至上海白鹤镇，全长3836千米。西气东输二线管线全长4843千米，途经新疆、甘肃、宁夏、陕西、河南、湖北、江西、广东八个省区，2012年12月建成投产。西气东输三线总长度7378千米，途经新疆、甘肃、宁夏、陕西、河南、湖北、湖南、江西、福建、广东等10个省（自治区），东段工程于2016年10月建成投产。

西气东输工程从西部广袤的土地上开始，穿过高山，跨过江河，成为我们一项伟大的"咽喉工程"。

现在，我要分享一个关于"喜羊羊与灰太狼"和天然气运输的故事。有一天，细菌大王从数码病毒那里得到了一个消息——青青草原有可以击败喜羊羊与其他羊的秘密武器。于是，细菌大王偷偷潜入青青草原，在草原上四处"挖掘"，挖了很久都没有找到。突然，他发现了一个警示牌，警示牌上面写着"下方有天然气运输管道"。细菌大王心想：既然他们不让我碰，那么这里一定是藏着秘密武器。于是他把警示牌一丢，疯狂地挖了起来。不一会儿他就发现了一个管道，于是，他用锤子将管道敲开，将保护层挖出一个裂缝。这时青青草原上的警报响起，大家从四面八方赶过来，细菌大王慌忙逃走。他们发现管道已被破坏，立马打电话给天然气管道维修人员。专业人员来后立刻将管道保护层修复好了，有效避免了天然气泄露事故的发生，真是有惊无险呀！还叮嘱喜羊羊等人千万不要挖有警示牌的地方。这个故事告诉我们千万不要无视天然气管道运输的警示牌，否则后果不堪设想。

我国西气东输的工程的建设者们舍小家为大家，无私奉献，他们是我国的骄傲！伟大的管道运输工程是我国的一大壮举，我为我是一名中国人而骄傲！

点评：

作者的文章分成两个部分，第一部分简单介绍了我国的西气东输工程，第二部分通过讲故事的方法来告诉我们管道保护的重要性。在逻辑表达上没有太大的问题，但是在句子的表述上有些平淡，故事性较弱，可以通过一些修饰手法的运用，使文章更加吸引人。

指导老师：周　浙

三合小学六年级二班　杨子江

爱好：踢足球

76. 我心中的管道运输

　　我国的西气东输工程是一项伟大的管道运输工程。它的伟大之处在于将中国的东西部连接起来，资源共享，让我国的资源得到最大限度的利用。它为中国的能源运输和供给做出了巨大的贡献。

　　西气东输工程横跨条条江河，翻越座座高山，在途中要经过第一、第二、第三共三层阶梯，地势复杂，气候条件十分恶劣，并且地层中含水丰富，有些地方还会有坍塌的可能，因此，施工难度极大。但西气东输的建设者们仍然克服了重重困难，将西气东输工程建设到了我国的很多城市。

　　建设管道运输如此艰难，因此保护管道也是一件十分重要的事情。接下来我给大家讲一个关于管道保护的故事。有一天，萝卜头到后山去寻找食物。它在后山闲逛着，突然踩到了一个像大萝卜的东西，好奇心十足的萝卜头便欣喜地把它挖开了，这时一股难闻的气味扑面而来。萝卜头吓了一跳，赶紧又把它埋上了。

　　第二天一早，人们发现树林里的树木都枯黄了，河流里的水也都变了颜色。熊大熊二以为是光头强又干坏事了，于是赶来找光头强理论，光头强生气并且斩钉截铁地说："不是我干的，我现在已经不砍树了！"熊大熊二觉得很奇怪，思来想去也想不出个所以然。这天晚上，熊大突然想起，小时候妈妈说："后山有一块地方千万不要去，如果破坏了地下的东西就会发生很可怕的事。"熊大这才意识到，会不会是那个地方被破坏了？

　　第三天，熊大兄弟俩召集了森林里的小动物们，问它们："这几天谁去过后山，有没有挖了什么东西？"大家都相视着摇头说没去过。这时，萝卜头小声地说它去过后山。大家焦急地问它："发现什么奇怪的现象了吗？"萝卜头紧张地说："我看见一个很像萝卜的东西便挖了一下，但发现是一个管子并且冒出一股奇怪的味道。我便马上把它埋上了。"大家立刻带着萝卜头赶到后山，发现有一处在冒烟，顺着烟找去，它们找到了管子。光头强看了大吃一惊地说："这可是天然气运输管道，萝卜头，你把它的保护层破坏了！"光头强立马给专业维修人员打电话，天然气维护人员听到后说："你们先看好它，我会在10分钟内到。"接着他们用了30分钟的时间终于把管道修好了。管理员生气地说道："幸好管子没有被破坏得太严重，不然可能直接发生爆炸了，这片森林就会被烧毁，后果不堪设想……"

　　专业人员走后，森林里的小动物们都紧张起来，它们一起开了一个会议，商量要如何才能保护这个管道。最后，它们决定在管道上立一块牌子，牌子上写着"此地埋有天然气管道，严禁挖掘！"大家立好提示牌后才安心地回家了。在那之后，大家轮流来看守管道，从此森林里再没有发生过天然气泄漏的事故。

💡 点评：

　　文章总共分为两个部分，先是介绍了西气东输工程的特点和影响，再通过讲故事的形式去告诉人们要保护管道安全。全文的结构较清晰，但在许多的语句连接上不恰当，使得文章读起来没有吸引力。作者可以多加练习，采用修辞手法去描写，以增强文章的趣味性和吸引力。

指导老师：周　浙

三合小学六年级一班　谭梓豪

爱好：打篮球

77. 未来的管道交通

2049年我国发明了一种非常安全的管道，它不仅能够为我们提供便利，还能够让城市变得更加美好。你想看看未来的管道是什么样子，又有什么好处吗？就跟我来吧！

那时的天上布满了各种各样透明的管道，它是采用世界最先进、最坚固的钢化钛玻璃制成的，不仅能够承受很重的重量，就算汽车从上面经过也不会造成损坏，还可以延伸到各个地方。这些管道会有很多站口，连着每栋房子，每家每户都可以通过它去往想去的其他地方，也可以通过管道接收快递。

管道里面总共分五层：第一层是摩托车或者三轮车通道；第二层是小汽车或小型货车通道；第三层是大型货车通道；第四层是高铁通道；第五层是地铁通道。管道装有空气净化系统，可以净化管道里的空气，让人们能够更好地在里面通行。空气循环系统可以使空气循环流动，以保证氧气的充足。管道内的温度会随外面的季节而变化。到了晚上，管道内便会运用白天储存的太阳能发电，让管道内也灯火通明，并且不会浪费能源。

在管道内每隔1000米就会有一个加油站，在加油站内会有一个大大的管道地图，防止人们迷路。管道内设有安保系统，这个安保系统也非常特别，通过机器人操控。每隔100米，就有一个无人操控机器人，用来保护管道内的安全。此

156

外，还有1080P的超清摄像头，可以清晰地捕捉到任何一个画面。

嘻嘻嘻！我国发明的管道交通不错吧！在未来的世界，我们将会坐上管道去往更美好的地方！你希望有这种管道吗？

点评：

作者描写了在未来的2049年，我国发明了空中管道，并且从几个方面去描述。管道的设计很不错，但是在语言的表述上还需要加强，一些语言上缺乏准确性，要学会运用语言去吸引读者，这样才能让文章更加完美。

指导老师：杨 琴

三合小学六年级一班　李清扬

爱好：画画、看书

78. 管道外的世界

在我的生活中，管道好像是一种应用不是很广泛的运输方式，印象里，管道只用来运输石油、天然气之类的。因为我很少和它接触，所以，我对它了解比较少。不过，一年前的一件事改变了我的看法。

那是一个烈日炎炎的暑假，我热得双腿无力，瘫倒在沙发上，喉咙干得直冒烟。突然，我脑海里闪过一样东西——雪糕，对，吃雪糕一定是最好的方法了。由于我热得两眼模糊，当我正准备开冰箱时看见一个极小的身影从冰箱后面跑过，我被它吸引了过去，以致于我转移了注意力，竟忘记了渴和热。它从门缝里蹿了出去，我跟着它跑了很久，一直到一个连我自己都不知道是哪儿的地方。我在那发现了一根管道，那根管道很粗，爬两三个人进去不是问题。于是，我顺着管道爬了下去，爬到尽头时我被眼前的景象惊呆了：这里的房屋都还是茅草屋，周围都是稻田。突然，我听到后面传来一阵叫声："祝知音，快过来啦！""来啦！别喊！""咦！祝知音！这不是我奶奶的名字吗？"我惊讶地回过头看，只见三个女孩正在那里挑水、砍柴、煮饭，有说有笑的。我这是来到了奶奶的小时候吗？我想跟她们打招呼，可她们好像丝毫没有注意到我。我想拍一下她们，可当我的手刚要碰到她们的时候，我发现我可以穿过她们，原来我是透明的。我在那里待了一下午，看着奶奶忙前忙后却还如此的快乐，我有些羞愧。

傍晚时分，天就要黑了。于是，我向奶奶"道别"，依依不舍地顺着管道回来了。在回家的路上，我一直在想：我好像很无用，奶奶这么小就能干活，而我就只是坐在那里，却还感觉很辛苦。

我在奶奶小时候的那个年代，虽然待得时间不久，不过我学到了很多，那是我经历的最有意义的时刻。我想，这应该就是管道想要送给我的一份礼物吧！

点评：

作者描述了自己通过管道穿越到了奶奶小时候的年代，这个话题可以有很多的想象空间，但是作者却只是草草带过，让文章前后不通顺，有些可惜。作者可以充分运用环境和人物描写去突出自己的文章主题。

指导老师：杨　琴

三合小学六年级一班　汪忆馨

爱好：唱歌

79. 我心中的管道运输

　　我一直梦想着去星球旅行，因为那儿的风景很美，我只在书中和电视上看到过别的星球，但从来都没有机会像宇航员一样通往太空。这天，我照常乘坐管道去外出，突然，眼前一黑我便没了意识。

　　当我醒来时，发现我在一条漆黑的管道里，管道十分的长，我害怕得缩成一团，等待着出口的到来。到了出口，我看见了那个像镰刀似的月亮，周围还散布着大大小小的星球，这使我大吃一惊。我揉了揉眼睛，以为自己是在做梦。"真美呀！"我不由自主地赞叹起来。黑漆漆的夜空中闪烁着星光，哦！那是星星，在月球上看着星星，似乎星星更明亮些。我盯着星星看得入迷，心想：我能摘一颗星星吗？我开心地笑了笑，立刻爬上管道开往更高的地方。我来到星星的旁边，张开手掌准备去抓那一颗我相中的闪亮星星，我伸手一抓，没想到星星灵活地一扭身便从我的手缝里溜走了。我非常惊讶，又抬头望了望，看到了另一颗璀璨夺目的星星。这次，我小心翼翼地用手迅速地抓来了一颗星星，我紧握着手掌，"哈哈，被我抓到了吧。"我自豪地说。我小心翼翼地张开手掌，结果，它忽闪忽闪地又从我眼皮子底下逃走了。真是竹篮打水一场空，我又气愤又丧气地说："唉！又逃走了，真是气死我了！不抓了！"

　　于是，我乘坐着管道继续向前看，我一转身，一只硕大无比的"独眼"朝我贴过来。我们慢慢地靠近，当我来到它附近时，一阵阵热浪朝我迎面扑来。我顿时感觉好像一盘肉在火里烤着，不能呼吸。我摸了摸脸，"哎呀，烫死我了！"我难受地说。这是什么呢？我心想。睁眼一看，原来是太阳。大概因为我是这里的新朋友，第一次来到这里它对我有所陌生，所以它才会释放它的万分之一热度来保护自己吧。我向它招了招手，笑着对它说："你好啊！"它竟然笑了，对我说："你好啊！刚才对不起啊！"原来它能听懂我说话，还能和我对话，太神奇了！很快我便和它成为了好朋友。

在和太阳及各个星球打完招呼之后，我便依依不舍地坐上管道回家了。能进行这次星球之旅真是太棒了！随着我们国家的日益强大，随着科技越来越发达，有朝一日，我们都能乘着管道交输去到外星球，还能去一些我们梦寐以求的地方。

点评：

整篇文章作者着重在讲自己乘坐管道进入宇宙中的景象，但在描写管道的内容上却十分少，最后的结尾总结得也不够恰当，需要稍加修改。文章中的一些词语和语句的使用有许多错误，要多加注意。

指导老师：杨　琴

三合小学五年级一班　付李薇

爱好：画画、看漫画书

80. 神奇的管道

今天，走在路上，我被一根形状奇特的管道给绊倒了。于是，我把它带回了家。我刚回到家，就拿起《西游记》看了起来，看了一会儿后，我有些累了，便拿起管道仔细研究。突然，眼前闪过一道光，我便失去了意识。

当我再次醒来时，发现自己在一片沙滩上，正当我一头雾水四处张望时，听见一声怒吼："你是谁，敢挡住俺师傅的去路。"我猛地抬头一看，看见了一个神似孙悟空的人站在我面前。我说："你扮演的孙悟空好逼真！""什么扮演？我就是齐天大圣孙悟空！"我吃惊地从地上蹦起来，激动地说："真的吗？大圣原来是你呀！"大圣疑惑地问："来者何人？俺老孙未曾在取经路上见过你呀！"我说："我是你的忠实粉丝，我在《西游记》上看过大圣你呀，当年你大闹天宫真是太帅了！"大圣挠了挠头说："往事就别再提了。"我问道："大圣，这里是什么地方？""这里是流沙河，我们正准备过河呢。"大圣回道。我心想：流沙河？他们的取经之路才刚开始吗？这里不是沙和尚的地盘吗？突然，河水奔涌上来，一个大汉从河中飞出，我认真一看，这不是沙和尚吗？大圣立马保护师傅，掏出金箍棒准备决斗。我连忙叫住大圣，说道："他也是你们取经路上的一员，他将会和你们一起去往西天。"大圣疑惑地看了看我，还是冲了出去。我指着唐僧便对沙僧大叫："这位是从东土大唐来的唐三藏，你将要保护他并和他一起去往西天取经。"沙僧便平静了下来，见到这情景，大圣也把金箍棒收起来，问我："俺老孙从来都不会看错，为何你说他不是妖怪？"我笑着说："大圣，我看过关于你的书，我当然知道了。"这时沙僧也走上岸来，换上了一身干净的衣服，拜唐僧为师了。

他们决定继续前行，而我看了一下手表，发现时间也不早了，便对大圣说："大圣，现在不早了，我要回去了。"于是我抓起管道，一瞬间便回到了家。

管道真是一个神奇的工具，可以将我带到书中和人物相遇，下一次我想到哈利·波特的世界去看看！

☀ 点评：

作者通过自己爱看《西游记》从而描写了通过管道去到《西游记》的世界里的故事，在故事的描写中，对于管道的描写过少，没有突出主题；另外，在描写《西游记》里的情景时有些写法很奇怪，没有说服力，因此整篇文章读下来也不知道作者的用意。作者可以在文章的结构上多花些心思，突出主题会更好。

指导老师：杨　慧

三合小学五年级一班　汪　钰

爱好：跳舞、唱歌

81. 我心中的管道运输

　　大家知道管道在我们日常生活中有什么作用吗？管道在我们的生活中可是有很大作用的，它能运输许多东西，在未来，管道甚至还可以运输车辆，而且人们也可以在管道里通行。

　　管道的样式有很多，并且很大、很长，也十分的坚固。当管道可以运输人、车辆等时，你会想要管道送你去哪里呢？有些人喜欢旅行，便可以通过管道去往任何美丽的地方；有些人想坐着管道去尝遍世界美食；有些人想去与远在他乡的家人朋友见面；有些人想去重庆看望老师。而我也想乘坐着管道，去太空遨游，吃遍世界各地美食。

　　未来管道的用处不仅让我们的生活便利了许多，还让我们的生活更加丰富多彩。不过现在，管道运输大多还是石油、天然气居多，因此，这些管道的危险性就会比较大。如果管道被破坏，管道中的石油、天然气很有可能会往上冲，造成火灾。液化管道如果被破坏了，会直接爆炸。当管道被破坏时，管道周围的生物将会受到影响，我们的生活也会有很大的改变。对于人类来说，破坏管道是得不偿失的。

　　现在，那些建筑管道的叔叔和伯伯们都会严格按要求保护管道设施，不让管道受到任何伤害，在管道的周围也会有警示标语，提醒我们不要靠近。所以，为了幸福美满的生活，我们应该好好保护管道。我们也期望着在未来，更加高科技的管道能普遍运用到我们的生活中。

点评：

　　作者全文通过介绍管道的功能作用，讲述管道的危险性和保护管道的重要性，最后提倡大家要保护管道这几个方面来描写。文章在结构上的思路较为清晰，但是语言表达上还有所欠缺，文章的吸引力和说服力也还不够，作者要多加修改、完善，让作文更完美。

指导老师：杨　慧

三合小学六年级一班　汪欣怡

爱好：画画

82. 万能管道

　　相信大家对管道都有一定的认识吧，但可以千变万化、能够满足我们需求的管道你有见过吗？接下来，就让我来介绍一下这"万能管道"吧。

　　万能管道的长度能够抵达各个地方，管体又粗又圆，全身银白色。而且到了晚上，管子顶上会闪出五彩缤纷的亮光，有时还会展现出不同图案，美丽十足。说到它的功能，那可就数不胜数了。它可以把任何物体快速地运送到目的地；它还可以让你穿越时空，到你想去的任何地方，甚至可以回到古代去，见证古代人民的智慧；我们还可以在里面找到很多新奇的事物，你只要在管道中的一个小黑板上写下你的需求，它立马会帮你实现，如当你想要看书时，它就会亮起照明灯，营造一个最适合看书的环境，如果不想看了只需要说一声"关"，它就立马关闭了；这条管子中还有一个"动物显示屏"，它可以带你去看很久以前已经灭绝了的动物，丰富我们的知识；除此之外，它还可以把我们带到虚拟世界中，与喜羊羊、熊大熊二一起玩耍。

　　听了我的介绍，你们是否也被万能管道所吸引，迫不及待地想要去尝试呢？

点评：

　　作者整篇文章以介绍者的角度去描写，向读者介绍"万能管道"的特别之处。在想象力方面作者写得不错，但在一些表达上还需要修改，让文章更加贴近生活，引起读者共鸣。

指导老师：杨　琴

三合小学六年级一班　龚佳星

爱好：打篮球

83. 我心目中的管道

　　早晨，随着窗外泻下的一缕缕阳光，我睁开了睡眼。机器人为我端来早餐。我站在窗边，向外望去，这座管道之城一如既往地令人心情舒畅。哈哈！或许你有些疑问，管道之城是全都是管道吗？不，当然不是了，别不信，下面我就来给你介绍介绍吧！

　　站在管道之城的上方，你会发现这是一个巨大无比的管道，不仅长度十分长，而且管道的宽大程度也是你想象不到的。看到这里，好奇的你一定会说，如果生活在这样一个封闭管道里，看不见天、呼吸不到新鲜的空气，我们要怎么生活呢？别急别急，带你进去看看就知道了。进入管道之城后，各种各样的高楼大厦显现在眼前，但马路上却格外的安静，没有一辆汽车，地上的是被修剪得整整齐齐的草坪和花圃。那你们一定又会问，人们出行该怎么办呢？让我来跟你讲讲神奇的管道之城奇景之一——滑行之道。滑行之道的意思就是在管道内滑行，当然也是有工具的，这个神奇的工具就是滑车。每家每户都有一种特制的滑车，这种滑车的大小跟儿童自行车差不多，它虽然小，但是功能齐全也极其容易驾驶，无论是老人、小孩都能够安全使用。

　　解决了出行问题后，接下来让我们看看管道之城的骄傲，奇景之二——时空管道。来到时空入口，在屏幕中输入你想去的地方，按下电钮，你便能向穿过任意门一样到达你想去的地方，可有趣了。你想去公元前远古时代，或者是未来，再或者是唐宋王朝，时空入口统统都能实现，只有你想不到，没有它做不到。看到这儿，有没有被管道之城吸引呢？你一定会忍不住想来试试吧，别犹豫了，让我们一起到管道之城寻找快乐吧！

点评：

这篇文章的作者思路清晰，并且知道如何抓住读者的眼球，采用的描写手法也十分不错。想象力丰富也符合常理，条理清楚。但需要在一些细节问题上多加注意，如语句的完整性，多加注意文章会更完美。

指导老师：杨　琴

84. 管　道

29世纪80年代，孙大圣下到凡间，他在天上度过了数十年如一日的日子，想要下凡看看。听说现在有一个新发明叫"管道"，所以他决定试一试。

他找到了一根中意的管道，顺着管道来到了凡间，发现人世间奇美无比，高楼林立，花园和草坪不仅仅是在地上，连空中也有了许多花园。交通井然有序，管道遍布空中，有条不紊地工作着。

他在凡间四处转着，当他走进管道，发现了一个身影在晃动。孙悟空以为是什么奇怪的东西，便抽出金箍棒敲打下去，结果它却丝毫未伤。他问了才知道，原来它们是现代机器人，正在管道内巡逻，保护着管道的安全呢。"原来是这样，看来是我大意了。"孙悟空抱歉地说道。"没有关系，我们管道内的机器人和管道本身都是采用最先进的材料制成的，不是轻易就能打破的。"机器人自豪地说道。

在这个管道世界里，孙悟空见到了比他的金箍棒还坚硬的东西，算是大开了眼界。这一趟凡间之旅，让他不禁感概："人类真是太聪明了！什么样的物体都能够发明出来。"

💡 **点评：**

　　作者在描述文章时有两大问题：一是时间点没有注意，既有未来先进的东西，又有神话里的东西，导致文章混乱；二是在描述文章时偏离了主题，没有抓住中心去写，需要多修改，多练习。

指导老师：杨　琴

三合小学六年级二班　谭鑫奥

爱好：阅读

85. 我心目中的管道

在我们的日常生活中，管道是无处不在的。你可能会觉得管道的样子很笨重，但是确实在我们生活中发挥着重要的作用。

可能会有人问什么是管道运输？简单来说，管道运输就是利用管道帮助我们进行石油、天然气运输的一种方式。管道一般都埋藏于地下，这样不会占用土地面积，也比较安全，像我国的西气东输工程就是一项伟大的管道工程。

管道运输工程的修建是一项费时费力的大工程。在我国的复杂地形和千变万化的气候面前，人们要想修建管道是非常困难的。但是我国的管道工程师们仍然克服了巨大的困难，将管道建到了全国各地。

在未来，管道的用途也不止运输天然气和石油，它也许可以运输其他物体，甚至是车辆，还可以成为人们的交通工具。通过管道我们可以去往各个地方，不用考虑堵车的问题，安全问题也十分有保障。管道运输将成为未来我们出行的主要方式。

假如我有一个管道，我想去日本观赏烟火大会；我要穿越北京，看看雄伟的万里长城；我想去巴黎，去埃菲尔铁塔下拍照；我要去非洲，到那里看看古埃及的文明。

这就是管道，和我们的生活息息相关的管道，为我国做出巨大贡献的管道，可以穿到任何地方的管道。我相信在未来科技高度发达的那一天，功能各异的管道运输一定也会如期出现！

💡 **点评：**

　　作者全篇都在用专业名词去写什么是管道，管道的成分和管道的分类。但是这样的内容不适合在我们的作文中出现，我们要更加贴近生活地去描写，像最后一段的内容一样，用心去写，才会写出好文章。

指导老师：周　浙

三合小学六年级一班　袁　宇
爱好：游泳、打羽毛球

86. 神奇的管道

那是××年的一天下午，我在家里发现了一件非常神奇的事情，那就是我在洗手间发现了一根特殊的管道，它仿佛有一种魔力，吸引我去了解。

我发现，这根管道可以吸走没有用的垃圾，保持环境的整洁卫生；它还可以运输货物，想要的东西可以很快地送到你身边。除此之外，管道还可以将人送到你想去的地方。如果你想去北京爬万里长城，去北极看北极熊等，都可以通过管道来完成。而我最想去的是通过管道去三亚看海景，因为那里的海景优美，给人画一般的感觉。你看，管道很神奇吧。

管道如此神奇，并且与我们的生活息息相关，所以，保护管道便是我们的职责。为了不让坏人破坏管道，我利用管道进入叶罗丽精灵梦里面，将灵公主带到管道来，请她帮忙保护管道。当坏人想要破坏管道时，灵公主便使用魔法将坏人击退，坏人只要看见灵公主就会落荒而逃；在管道意外损坏后，灵公主又能用魔法将管道修补好。神奇的管道在灵公主的保护下，能确保完好无损。

看！这就是我发现的神奇管道，你们觉得它神奇吗？

点评：

　　作者通过自己的想象力，结合动画片的内容描写了神奇的管道。在内容上作者的想象是丰富的，但在描述上需要多加注意，在一些重要的地方可以详细论述，一些不重要的地方可以简单带过，这样会使文章主次分明，主题明显，更有条理性。

指导老师：杨　琴

三合小学六年级一班　谭子轩
爱好：打羽毛球

87. 神奇的管道

道具在我们的生活中是必不可少的，我就有一个神奇的道具——神奇管道。

这个管道是我在厨房偶然发现的。有一次，我踢球回家，到厨房找水喝。由于用力过猛，结果一不小心把玻璃柜打碎了。我慌张地清扫着玻璃，这时我发现这里有一根长得很奇特的管道，我便将它带回了自己的房间。

管道被安装到房间里后，我每天都会观察观察它。有一天，我坐在书桌前说："好想去海边啊。"突然，眼前一闪，我就来到了海边。我十分吃惊，这是为什么呢？难道是管道的作用吗？我回去后又对着它说其他想法，发现它真的能将人送到想去的地方。

发现了管道的这个功能后，我就让它带我到了美国，去观赏伟大的自由女神像；我还到了故宫，感受了中国建筑文化的魅力；我还去了雪山，感受了不一样的世界。管道让我发现了新大陆，带着我到了很多地方。

使用管道后就要想一想该如何保护管道。首先我用铁绳将管道固定，然后用非常坚固的防护屏装在管道外面，最后再上一个保护罩，这样应该就不会有人来破坏了。

在我的细心保护下，我的管道一直都很安全地存放在家中。不过过去一段时间后，某天家中来3个人发现了这根管道，便想伸手去拿。"等等！不能碰！"他们被我吓了一跳，我急忙将管道盖上，又在它的外层加了几层防护罩，这下总算是更放心了。

这根管道不仅能让我穿越到我想要去的地方，而且还让我经历了这么多有趣的事情，这可真是一个神奇的管道！

💡 **点评**：

全文作者通过一个有趣的发现来描写自己与管道的故事，在文章描写时，与管道相关的部分可以多阐述、多描写，与主题无关的简要概括即可，这样可以使文章主次分明，突出主题，文章将会更有特点。

指导老师：杨　琴

三合小学六年级一班　余晚亭

爱好：跳舞

88. 我心目中的传送管道

　　我是一个发明家，我一直有一个愿望就是能够发明出传送管道，让它送我到任何我想去的地方。

　　这天，在我坚持不懈的努力下，我终于发明出来了第一代传送管道，我决定试一试它的功能。于是，我对着它说："我想去未来。"突然，眼前一闪，我便失去了意识。"醒醒，醒醒，同志，你醒醒"，我被一声声叫喊声唤醒，我向四周望了望，发现周围都是穿军装的人，我糊里糊涂地问了一句："这是在哪啊？""同志，你刚刚突然从这个管道中出来，之后便昏厥了，你还好吗？"原来我是穿越到了抗战时期，看来我的管道发明还需要加强。我跟他们说："我是从21世纪穿越管道过来的，很抱歉，打扰到大家了。""什么？21世纪？"他们看样并不相信我说的话。于是，我就跟他们说起了未来的世界是什么样的。"未来有很多的高楼大厦，世界也十分和平，大家不愁吃穿，都过着幸福的生活。"我看到他们的眼睛里流露出真挚的感情，又说道："未来也有许多高科技的发明，能够给我们提供很多便利，像我这次，就是坐管道来到这里的。不过，我们能够有幸福的生活，都是因为你们的艰苦奋斗和流血牺牲，你们太了不起了！"到了傍晚，我决定回去了，他们恋恋不舍地跟我道别："小姑娘，我们一定有机会再见面的，对吧？我们有机会也要去看看未来世界。""好！未来的世界非常神奇，等着你们！"

说完我便乘坐管道回到了家中。我继续研究着我的管道，但是这一次的经历，也让我十分难忘！

💡 点评：

　　文章作者通过自己是一个发明家发明了管道开头，本是一个很好的写作题材，但是在后面写作的内容逐渐跑题，更是没有联系上管道，让文章前后完全不对应。这样的文章没有头尾，所以需要修改大部分内容。

指导老师：杨　琴

三合小学六年级一班　刘星雨
爱好：看书、跳舞

89. 我心中的管道运输

　　管道，相信大家都不陌生，它在日常生活中应用十分广泛。在我心中，管道是一项非常伟大的发明。

　　管道主要埋于地下，这样可以节约土地资源，也能更好地保护管道。如今，管道用来运输石油、天然气，它为我国的能源运输提供了很大的便利。未来，管道将会越来越先进，可以通行车辆，可以运送快递，最重要的是人也可以通过管道去往想去的地方。

　　但是，管道的修建是一项非常困难的事。管道工人每天跋山涉水，在崎岖的道路上，面对恶劣的环境修建管道。在非常时期，他们甚至过春节都不能回家吃一餐团圆饭。管道工人为我国的管道工程做出了巨大的贡献，他们这种不惧艰险、舍小家为大家的精神非常值得我们学习，我真想对那些管道工人说："你们真伟大！"

　　管道运输的不仅仅是有形的物体，更是一种责任和爱，是管道工人为我们打造了能源大动脉，因此，我们要保护好它。在日常生活中，我们就要提倡管道保护，不允许任何人随意去破坏，为我们的管道运输也献上一份小小的力量。我相信，未来的管道运输会发展得越来越好！

💡 点评：

　　作者通过介绍当今的管道和对想象中未来的管道的描写，分为管道介绍、描述困难和倡导保护几个部分去写。在对这几部分内容进行描述时，语句使用不当，文章枯燥乏味，凌乱无序，需要调整思路，好好修改。

指导老师：杨　琴

三合小学六年级一班　汪佳欣

爱好：阅读、唱歌

90. 我心中的管道

我心中的管道是一个巨大无比的银白色管道，它不仅可以运输能源，还可运输快递，甚至可以成为人们出行的交通工具。

管道可以通向任意的地方。管道里分布着许许多多的机器人，为我们在管道内提供快速高效的服务。管道内有自动空气净化器，可以保证管道内的空气清新。在白天，管道还会储存太阳能，在晚上用来发电。

不过，你们知道为什么管道虽然看着像是铁做的，却不会生锈吗？因为管道是由一种新型材料建造的，十分坚固，不仅不会受外界的影响，而且还能自动控制管道内的温度，随着周围的温度变化而自动调节。

看到这儿，也许你们会想问：那么管道的使用寿命有多长呢？它会不会因为什么而被破坏呢？这种管道之所以属于高科技，就是因为它能够定时为自己修复，使自己始终保持完好的状态。而当发生自然灾害时，管道内还是人们的藏身之处，能够有效地避免人员伤亡。管道的发明对我们人类来说有十分重要的影响。

我们的未来世界有了管道就会便利很多，在管道的运用之下，很多的环境问题都会得到解决。这样，我们的地球就会越来越好。我期待着管道世界到来的那一天！

💡 点评：

　　作者在描述管道时开头还有根据管道来写，但在之后联系了太阳便逐渐跑题，着重去讲述太阳的内容，并且和管道相关的内容很少。这样会使整篇文章读起来很乱，没有重点，让读者一头雾水。文章修改之后，这种情况有所改善。

指导老师：杨　琴

三合小学六年级一班　刘恒清

爱好：羽毛球

91. 传送管道

　　我家院子里有一个神奇的管道，它是金色的，时不时会发出耀眼的光芒。为什么说它神奇呢？跟我来看看就知道了。

　　管道的入口很大，在入口旁边有一个数字按钮和一个写字板，当你想要去往一个年代时，你只需输入年份，管道就能将你送达；如果想要去一个地方，在写字板上写下名字，便能到达我们想去的任何地方。

　　我的弟弟有时候爱玩，他就会在上面随意地点数字，但管道不会将它送达，这是因为管道还有自动识别功能。如果点数字的人是10岁以下的儿童，它便不会同意他穿过。这时，管道就会善意地提醒一句："你还是小朋友，要有大人陪在身边哦。"

　　有时我想去了解古代，我就在数字按钮上输入朝代年号，这样我就能去感受古时候的社会风情了；当我想去其他国家时，通过管道我便能感受到其他国家的魅力；当我想要去看望远方的朋友时，管道也能满足我的心愿。但管道也有时间限制，在一定的时间内我们要准时赶回来。

　　这就是我家的神奇管道，能满足我所有愿望的管道！

点评：

　　小作者发挥自己的奇思妙想，设计了一个奇妙有趣的高科技管道世界，并用具体的情景来讲述这个管道世界的奇妙之处，全文语言流畅，但是美中不足的是文章的表述语言略有些拖沓。

指导老师：杨　琴

三合小学六年级一班　杨子毅

爱好：乒乓球、篮球

92. 我心中的管道

　　不知道大家有没有听说过"西气东输"管道运输工程，它是我国目前最伟大的一项管道工程。为什么说它伟大呢？那就继续往下看吧。

　　"西气东输"是我国距离最长、口径最大的输气管道，直接从我国的西部地区横跨江河，翻越高山，至我国的东部沿海地区。这途中经过的有高山、盆地，有江河、居民区，管道工程克服了重重困难，最终完成了我国这个伟大的管道运输工程，沿途惠及的人口超过4亿人。

　　现在的管道虽然只能运输石油、天然气等自然资源，但我相信在未来，管道运输的功能将会越来越强大。当管道能够成为人们出行的交通工具时，我想通过管道去太平洋看看鲸鱼，这样我就可以近距离、实景看见鲸鱼长什么样子了；我还想通过管道去日本东京看三月樱花，听说可好看了，那是日本的国花，就像中国的牡丹花一样吸引人的眼球。

　　在管道为我们提供如此大的便利时，我们也要尽心尽力地保护好管道，不让管道受到破坏。就像天然气和石油管道，管道工人们费劲千辛万苦才完成的工程，我们更应该去尊重和保护他们的劳动成果，这不仅仅是为了我们自己，更是为了社会，为了国家。

　　让我们一起来保护管道吧！我也十分期待着未来神奇管道的出现！

　　作者在描写管道运输时没有突出管道的最大特点，而是草草带过，并且在描述"西气东输"时主次没有分辨清楚，不需要阐述的地方过多地论述了，使得文章冗长没重点。在之后举例子的部分也没有准确地表达出自己对管道的展望，整篇文章的思路有些乱。

指导老师：杨　琴

三合小学六年级一班　汪　一

爱好：画画

93. 保护管道

　　周五我在学校打扫主干道卫生时突然想上厕所，于是便跑到教学楼的洗手间去。可今天的洗手间有些奇怪，里面布满了管道，当我准备跨进去时，突然感觉头晕目眩，眼花缭乱。

　　当我缓过神来时发现，我正处在《熊出没》的森林里。刚到这里，我有些惊慌失措。过了一会儿，我决定找找熊大熊二。我想象着熊大熊二的住处，走着走着，突然看见前方空地上有一根和学校洗手间里一样的管道。我好奇地跑上前一看，惊讶地发现了森林里的小动物们。原来森林里的小伙伴们都是住在管道里的。这时熊大发现了我，便跑出来问道："你是谁？怎么会来我们这儿？"我一五一十地跟它们说了之后，它们热情地款待了我。我问它们："为什么你们现在都住在管道里呢？""因为管道里更安全、先进，也方便得多。"熊大说道。"但是光头强却不想让我们住在管道里，总是来搞破坏。"熊二气愤地说。

　　第二天早晨，熊大急忙叫起我和熊二，说："快起来，光头强又在破坏管道呢，保护管道熊熊有责。"我们飞一般地跑到了光头强破坏管道的地方，"不好，"我说"光头强想要切割管道，怎么办？"熊大说："让我们好好想想，相信我们只要团结，就能战胜一切，加油！"光头强开着巨大的锯木车，向着管道一点一点靠近。我和熊二拿着喷水枪使劲冲向光头强，熊大和其他动物都在准备石头，我们把光头强的车困了起来。光头强没有办法，只好放弃。

第二天清晨，我该离开这里回家了，想感谢熊大熊二这些天对我的照顾，于是决定去摘点水果给它们。当我走到外面发现，其中一截管道竟然被压扁截断了，我连忙去找熊大熊二，我气喘吁吁地说："不好了，不好了，管道都被破坏了。"熊大说："可恶的光头强。我跟你没完。"熊大跑到光头强家中，发现光头强并不在家，于是说："他一定是又出去破坏管道了。"我们赶快去找，在一个小角落里，果然找到了正在破坏管道的光头强，于是我们召集了森林里的小动物前来帮忙修复管道。

吉吉、毛毛用自己的石头扔向光头强，可是，光头强的机器太大了，对他丝毫没有影响；蹦蹦用牙齿咬，结果牙齿全掉光了。我们不断地用水冲、用石头丢，却怎么也阻止不了光头强。这时，我发现机器的背后有一个很小的插电口，于是叫来熊大，说："这个充电的地方被破坏了，机器应该也没用了吧。"于是，我们马上行动分配了工作，吉吉和毛毛用绳子围着他，不断干扰，蹦蹦则在他面前分散注意力，我和熊大一起将插电口上的保护罩拆下，往里面灌水，果然，机器立马就不能工作了。我们开心地叫了起来，光头强也只能灰头土脸地回去了。

管道安全了，我也该回去了。我依依不舍地和大家告别，顺着管道回到了现实中。这真是一次奇妙的体验。

💡 点评：

本文作者通过《熊出没》来描写对于管道的保护，但故事的连贯性和可信度上都有所欠缺。作者在描述一件事情时句子都比较短，并且上下两句连接不上，这样就容易使得文章读起来不通顺，导致故事不完美。

指导老师：杨　琴

三合小学五年级一班　刘宇帆

爱好：打羽毛球、骑自行车

94.神奇的管道

　　这天晚上，我像以往一样早早地便进入了梦乡。在梦里，我看见了一个巨大无比的管道，于是，好奇地我想探个究竟。

　　忽然我耳边传来一阵"轰轰，轰轰轰"的声音，不知是做梦还是在现实中。我睁眼一看，一个长相奇怪的物体直立在我面前。原来是怪兽，我被吓得惊惶失措，赶紧向管道深处跑去。跑着跑着，我发现刚才的管道不见了，而是有很多的人被关在了一个大笼子里。"快救救我们，救救我们。"我充满了疑惑，低头看了看自己，发现我身穿超人的衣服，手上拿着武器。突然间笼子飞了起来，眼看怪兽就要将他们带走。于是，我猛地一跳，到了怪兽跟前，准备和它决斗。我终于明白了，我是带着使命来的。"变身"，忽然我的身体不止增大了100倍，像个巨人，与大怪兽一样高大了。我将它手中的笼子抢了过来，很明显它生气了。于是，我们开始了激烈的战斗。我们的战斗力几乎相同，一会儿打上了天，一会儿又打下了地，到最后我们都快没了力气。但是我一想到我是超级英雄，我就又热血复活了，最后我使出了绝招将怪兽打败。

　　之后，我解救出了笼子里的人们，他们集体为我欢呼。当我正享受着这份荣耀时，"铃铃铃"，闹钟响了，原来这是一场梦啊！不过，梦里的管道真神奇，它让我做了一次超级英雄！

点评：

　　作者在描写神奇的管道时，关于管道的句子只有少数，并且在句子的表述上不容易让读者读懂。前后连接的方式也存在问题，让文章读起来没有开头没有结尾的感觉，作者还需要再好好思考一下文章的主题。

指导老师：杨　琴

三合小学六年级一班　王佳雯

爱好：看漫画、画画

95. 神奇的管道

你们应该知道管道吧，管道的作用有很多，它在我们的日常生活中起到了很重要的作用。在未来，我想管道一定可以满足人们的各种要求。为什么这么说呢？因为我做了一个梦，是关于我和神奇管道的，下面我来讲一讲我和神奇的管道发生了什么事吧！

一天晚上，天色渐渐黑了下来，月亮缓缓升起，又到了上床睡觉的时间了，我像往常一样很快便进入了梦乡。突然眼前一闪，我来到了全是管道的世界，那是一个我没有见过的管道世界，那是一个拥有奇幻的世界，这里的每个人都十分友好，并且做任何事都是通过管道进行。在管道世界里，你想要什么就有什么。

忽然出现一个像小公主苏飞亚里面的巫师的人，他拿着魔法棒想破坏美好的管道世界。这时出现了几个和平天使，他们来到我的身边说："你愿意和我们一起打败他吗？""当然了！"我激动地说。于是他们交给我一根魔法棒，带领我一起将巫师打败。我开心极了，不仅仅是因为我打败了巫师，更因为我交到了好多好朋友。

"起床了，起床了。"突然，妈妈的声音打破了我的梦，我睁开眼，发现自己在房间里，我边起床边说："我怎么在这里，我刚刚不是在管道世界吗？"妈妈说："你在做梦吧？"我把在神奇管道里的经历一一跟妈妈说，妈妈笑着说："你可真是个想象力天才啊！"

💡 **点评：**

　　作者的文章要描写神奇的管道，开头说神奇的管道能够为我们运输东西，后面举例中又说是梦中的世界，这里的描写最好可以前后一致。另外，在句子的描写上，作者的问题在于前后连接生硬，不能很好地表达出原意，使整篇文章没有主题，也没有重点。

指导老师：杨　琴

三合小学五年级一班　陈　琴

爱好：看书、画画

96. 管道运输

大家好，我想问一问大家，你们知道管道运输有什么作用吗？

今天上课的时候老师给我们讲了一个"熊出没之管道的故事"：熊大和熊二生活在森林里有一段时间了，但是他们发现森林里的环境却越来越不好了，河流也变得浑浊，天空也没有从前那么蓝了。一天，森林里的动物们聚集在一起，毛毛说："唉，随着人们生活节奏的变快，生活垃圾在逐渐增多，环境质量大大下降，这都是乱扔垃圾的不良习惯造成的，导致我们森林里的空气也受到了影响。我想设计一个变化无穷的垃圾桶管道，能够运走所有的垃圾，还我们一片美丽的天空。"大家异口同声地说："毛毛，这个想法太棒了！我也想和你一起回收垃圾。""那我们一起来发明吧！""好！"大家一起说道。

聪明的吉吉和毛毛找来了需要的材料，率先动手，过了半天，第一条垃圾运输管道诞生了！大家迫不及待地想要去试一试。于是，它们来到了河边，将管道放进水里，"它真的吸走了河里的垃圾！太厉害了！"熊二大喊道。于是，每个人都开始动手制作。制作完成后，他们把管道放到森林的各个角落，这样，森林里的环境人为改善了！

这个故事让我们知道：环境保护是非常重要的，管道在我们生活中起到了很大的作用，在未来的科技发明里，一定也会出现这样的"垃圾管道"。

点评：

　　首先，作者文章的开头冗赘，要进行适当的删减。其次，在讲故事的时候，缺少一些背景的描写，显得故事没有那么吸引人。最后，作者的主题是管道运输，文章从哪些地方体现管道运输没有写清楚。

指导老师：杨　慧

三合小学五年级一班　彭振宇

爱好：唱歌、看书

97. 我心中的管道运输

晚上我坐在月光底下乘凉，抬头望着月亮，突然想到，有什么东西能把人送到月球上去呢？"管道运输"好像是最近很热门的说法。那么，管道运输又有哪些神奇之处呢？

于是，我立马展开了这个奇特的想象：我怀着激动的心情坐在直通月球的管道里，工作人员问我："准备好了吗？""准备好了。""那我们就出发吧！去感受一下月球奇妙的生活吧！"语音刚落，"唰"的一声，我就到达了月球，丝毫没有感觉。到达月球后，我惊喜地发现在月球上的弹跳力很好，能跳很高。我在月球上也认识了很多好朋友，并不孤单。我还能够坐在月球上看宇宙中的美景，一览无余的浩瀚宇宙，美得震撼人心。其他星球的小朋友也时常过来找我玩，因此，我在月球上的生活过得十分精彩。

当我想念地球上的朋友时，我在月球上也能和他们聊天，还能通过这个神奇管道立刻回到地球。有时我也会接他们到月球上来，和我一起共同享受这美丽的景象。不过，管道是一个秘密，不能让太多的人知道，所以，月球就成为我和朋友们的秘密基地。

听了我的描述，你是否也被神奇管道所吸引，想到月球上来呢，如果你也想到月球上玩的话，那就乘着管道来吧，我会在月球等你哟！

点评:

　　非常佩服小作者丰富的想象力,能够幻想通过管道去月球,感受月亮之上的美好。中国人对月球有过无数次的浪漫想象,中国探月工程也将"上天揽月"一步步变为现实。希望小作者保持这份初心和梦想,好好学习,将来为中国的探月工程奉献自己的光和热。加油,未来可期!

指导老师:杨　慧

三合小学五年级一班　彭锦康
爱好：看书、打乒乓球、骑单车

98. 神奇的管道

我的家乡有一条著名又神奇的管道，它跨越了大半个中国，翻山越岭，跨越江河，深埋在地下，它就是我国西部大开发的标志性建设工程——西气东输工程。

我们每天上放学都要经过这条神奇的管道，在其表面有一个标志，上面写着：天然气管道。这条管道解决了我们国家成千上万户居民的生活用气问题，现在家家户户都装上了方便的天然气，再也不用为住高楼而发愁了，也不用担心二氧化碳中毒等问题，因为我们能使用更安全、更方便的天然气了！

现在的管道便如此的厉害，所以我常常幻想着未来的管道运输将更神奇。管道能把我们运送到水星、土星、海王星上去，让我们观赏宇宙的美丽景象；当我们想去日本游玩时，坐上管道便可以看到樱花；我想去美国去看自由女神，想和名侦探柯南一起破案，还想跟熊大熊二一起保护森林，这些统统都能通过管道实现。

作为我们这一代人，有义务保护好这条神奇的管道，这样在未来，我们才会有动力去发明创造出更加高科技的管道，去实现我们的梦想！

这就是神奇的管道，你们了解了吗？

💡 点评：

　　文章作者以西气东输管道运输作为例子，描写了管道对我们的重要性。在描写时语句上的表达不够严谨，往往上句不接下句，使得文章结构混乱。另外，在描写对未来管道的想象时，语言太过于普通，没有感受到作者的憧憬，可以增加一些词语去修饰，让文章更加生动形象。

指导老师：杨　慧

三合小学五年级一班　杨佳琪
爱好：跳舞、唱歌

99. 我心中的管道运输

管道运输，大家一定不陌生了吧。我国最著名的西气东输管道运输工程便是最具有代表性的一项伟大工程。

管道运输的好处是很多的。在我国，人口多，人均耕地面积小，运用管道运输就能实现地下运输，从而可以节省陆地资源，减少耕作的占用。管道运输不受天气的影响，当遇到雷雨天气时也能够照常运输。另外，管道运输还适合运输量大的物体，西气东输工程便是将我国西部的天然气资源运往东部沿海地区，实现了东部地区的资源利用。

既然管道是我们生活中非常重要的一类运输工具，那我们就要好好地保护它，否则就会造成严重的后果。听听下面的这个故事，你就知道保护管道有多重要了。

有一天，我乘着新型管道运输来到了遍地都是青草的大草原，我仔细一看，发现是《喜羊羊与灰太狼》里的青青草原，我开心地奔跑着，想要到四处去看看。当我走到河边时，发现有一个身影在草丛里忽闪，走进一看，发现是细菌大王，它好像在挖什么东西。它鬼鬼祟祟的动作引起了我的怀疑，于是，我藏在草丛，看看它究竟想做什么。

过了许久，我发现它挖下了一块石碑，石碑上写着"天然气管道"，我大吃一惊，原来它是想破坏管道。我立刻跑去羊村找喜羊羊它们。"喜羊羊！细菌大王要破坏天然气管道啦！"羊村的羊都蜂拥过来，喜羊羊有些许疑惑地问："你是谁？我为什么要相信你？""我是人类，请相信我，再不去，管道就要被破坏了！"在我的劝说下，它们终于肯跟我走了。

到了河边，细菌大王发现了我们，转身便跑。可这时天然气管道已经有了一点儿小裂缝，喜羊羊和沸羊羊赶快去阻拦细菌大王，其它羊便急忙维修管道。我拨打了专业人员的电话，几分钟后，专业人员就来了，用了几十分钟才将天然气管道的裂缝修复好。维修人员说："你们可太不小心了！要是晚来一步，后果不堪设想！"

喜羊羊它们向我表示感谢，我说："不客气，下次一定要保护好管道！"于是我便乘着管道运输的列车回到了现实世界。

这个故事告诫我们：一定要保护好天然气管道，避免酿成大祸。

💡 **点评：**

作者描写的我国西气东输工程，但前面一大段都是常识性的问题，可以不在作文中出现，作者可以直接用自己的语言去描写，并且写出自己的感受。在后面一段描写故事的部分中，作者的语言太过于平淡，只是单纯地在说一件事，并没有让读者感受到破坏管道的危害，因此需要多加思考，把故事写得有趣一些。

指导老师：杨　慧

梅怡岭小学五年级　刘语梦

爱好：读书、音乐、科学探索

100. 保护管道，"熊熊有责"

"保护管道，人人有责，啦啦啦。"在空气清新的狗熊岭上，传来了光头强魔性的歌声，原来是光头强刚才成功地阻止了天才威破坏二号天然气管道，此刻正扬扬自得。

可是，光头强的开心只持续了15分钟。对讲机中便传来了熊二急促的呼喊声："光头强，不好了，天才威他又来破坏天然气管道了，请求支援！请求支援！"光头强心道不好，得赶紧过去，如果让天才威的计谋得逞，我们整个森林，乃至整个地球都会遭殃的。

"我马上就来，你们在哪里？"

"五号管。"

"收到！"

光头强话音未落，只听"嗖"的一声，他脚踩风火轮，以光速穿越了森林，前往五号管道。光头强刚接近五号管道，只见熊大熊二已经被天才威打得节节败退。光头强忙指挥大家表面上假装在撤退，暗地里却是在包围天才威。等光头强把安全罩盖在天然气管道之后，熊大它们便开始用激光枪扫射天才威。天才威的机器人被打得四分五裂，而天才威本人早就脚踩西瓜皮，溜之大吉了。

"耶！又胜利了，多谢光市长出手相助，我们才能成功保卫运输管道！"光市长是谁？他就是光头强。因为他多次出谋划策，积极保护运输管道，被大家选举成了市长。这是光头强这里的情况，而天才威那里呢？"呜—呜—光头强太坏了，我破坏管道的计划又失败了。"

就这样，天才威被打败了，天然气管道完好无损。保护管道，人人有责，也"熊熊有责"！

💡 点评：

文章具有较强的故事性，写作者充分发挥了自己的奇思妙想，幻想出了一场管道大战。文章的故事情节较为有趣，全文情节发展流畅。美中不足的是全文存在多处基础的语言错误，如错别字、语句不通顺、病句等。另外，文章对于主题——管道的表述稍显不足，可以适当增加一部分内容来写管道。

指导老师：赵 维

七里河小学五年级一班　刘舒羽

爱好：抚琴、书法、绘画、阅读

101. 楼梯的两端

秋叶凋零，在黄昏中飘落，因为妈妈工作的原因，我只能去姥姥家。正要进家门时，却发现自己没有带姥姥家的钥匙。我站在门外，风卷起枯叶，在我脚边飘动。

怎么办？我只好给去看姨奶奶的姥姥打电话。可是，姥姥只有在过年时才能见到姨奶奶，好不容易干完活有点时间团聚，怎能因为我阻断她们这来之不易的相见呢？

风还在吹，真冷！我只好给姥姥打电话："姥姥，我没带钥匙……"电话那头慈祥的姥姥温柔地说："冷不冷？先去楼道里避避风，姥姥一会儿就回来……"电话还没挂，又传来："娃没带钥匙，过年我们再一起聊天吧。"电话那头挂了。

我在门口踱来踱去，心里五味杂陈，感觉双脚像灌了铅一样沉重，心像涂满了蜡油一般难受，眼前一片模糊，风刮在脸上火辣辣地疼，我的脑袋一阵一阵地恍惚……

在我被风吹得一阵迷糊时，那位和蔼的老人回来了：她双鬓已花白，腰背已弯曲，在那消瘦的脸上，满载了沧桑。但双眸依然炯炯，她的双眼比我都精神。

　　姥姥一见到我便说："冻坏了吧？看，姥姥买了你最喜欢吃的泡泡糖和水果，我们回家去吃吧！"看着姥姥步履蹒跚地爬上楼梯，我赶紧夺下姥姥手中的东西。姥姥说："好孩子，你还小呢，果子重得很，我来拿。"我忙说："姥姥，我来拿吧，不重，真的不重！"

　　回到家，姥姥坐在沙发上大口喘着气，看了我一眼，又忙起身给我倒水，不时咳两声。

　　眼前的世界模糊了，我鼻子发酸，喉咙哽咽了……

　　人人说，长大好，长大好，长大有什么好？当我们长大时，爱我们的那个人就老了。让时间过得慢一点儿吧，不是我不愿意长大，而是不想让楼梯另一端的人老得太快。

💡 **点评：**

　　小作者心思细腻，选取了生活中很普通的一件事情，却能结合环境描写，将自己的所见所感写得深情而触动人心。姥姥的一举一动，一言一语，都深深地刻在了小作者的心里。一个个场景如电影中的特写镜头，借着娓娓道来的文字，清晰地展现在了读者的眼前。习作的题目也非常富有深意，篇末点题，感悟令人深思。

指导老师：豆爱霞

长郡云龙实验学校C1903班　唐昕宇
爱好：运动、读书、探索科学

102. 我心中的管道运输

　　众所周知，天然气是一种家喻户晓的清洁能源，我们做饭、洗热水澡等都离不开它。天然气是指自然界中天然存在的气体，包括大气圈、水圈和岩石圈中各种自然过程形成的气体。它的主要用途是做燃料，可制造炭黑、化学药品和液化石油气，由天然气生产的丙烷、丁烷是现代工业的重要原料。

　　既然天然气在我们生活中这么重要，那么，它是怎么来到我们身边的呢？因为我的爷爷是西气东输工程一名天然气管道巡护工，通过爷爷的讲述，我从小就认识到了管道运输天然气这个高科技领域。

　　记得小时候，有一次陪着爷爷一起去巡线，看着爷爷拿着一些小本本记录着什么，到了爷爷巡护的线路，他开始徒步去巡查打点，我也随着他一起。心里在想这里怎么会有天然气管道经过呢？路也不明显，就只有一条被踩出来的泥泞小路，不仅如此，还要遭受蚊子送来的"大红包"。但爷爷并没有因为这些而在意，而是认认真真地检查管道周边的环境变化。这就是我的爷爷平凡而不平庸的管道巡护工的工作。看着他为管道安全任劳任怨工作的样子，我似乎也看到了广大管道运输工的身影。正因为有了他们的保护，天然气才得以安全输送到千家万户。

　　通过这一次陪爷爷巡线，我对于天然气管道运输算是有了一个新的认识，我

206

开始对它产生敬意，更对那些为了保护管道平安的巡护工们充满崇敬之意，也希望更多的青少年去了解更多天然气管道的知识，真正做到保护管道，人人有责！

💡 点评：

　　文章由介绍管道运输入手，开始讲述爷爷作为管道运输的巡护工作人员日常工作的不易，来为大家介绍管道运输，提示青少年多多关注管道运输。

指导老师：罗　斌

七里河小学五年级一班　李沂潼

爱好：绘画、书法、游泳

103. 那一刻，我长大了

　　风拨乱了我的心弦，也吹乱了爷爷梳得一丝不苟的头发。我突然发现，爷爷的眼角有了皱纹，黑发中有了几许白发，不再像当年一样精神。那一刻，我感觉自己长大了。

　　秋天，枫树落下了最后一片树叶，风也越来越冷了。正在上幼儿园的我，听同学们说肯德基新推出了一样好吃的东西——脆皮虾！吃过的同学都说它美味极了！我不由得也想尝一尝这"美味"。一回到家，我就叉着腰大声叫喊："我要去肯德基，我要吃脆皮虾，不给我吃，我就罢工，不写作业！"

　　奶奶听了十分生气，对我说："你有本事自己做。"这时，我非常不高兴，爷爷打圆场说："你乖乖听话，乖乖写作业，只要坚持十天不犯错误，我们就去吃肯德基的脆皮虾。"我一听这话，觉得非常容易，乖乖地跑去做功课了。

　　就这样，我老老实实坚持了九天，但是不知道怎么回事，最后一天，我实在忍不住了。我开始在奶奶面前软磨硬泡，在爷爷身边撒娇卖萌，奶奶终于受不了了，生气地打发爷爷去给我买肯德基，这时的我，并没有觉得有什么不对的。高兴得像松鼠偷吃到松果一样，抱着爷爷的胳臂大声说："我要脆皮虾！"

　　爷爷无奈地慢慢穿上了夹克，摸着我的头发对我说："你乖乖听话，我去买了啊。"我怕爷爷反悔，赶快挥舞着胳膊，调皮地做鬼脸，催促着爷爷赶快去。

嘀嗒，嘀嗒……时钟转了一圈又一圈，爷爷还没有回来，我开始胡思乱想：爷爷是没买到不敢回来？是自己偷着吃好吃的去了？爷爷不要我了？……就在这时，"铃铃铃"门铃响了起来，我兴奋地大喊："爷爷回来了，爷爷回来了！"我跳下椅子，飞奔着迎了上去，打开门一看，爷爷累得气喘吁吁，汗水已经打湿了他的鬓发，微笑着对我晃悠了手中的袋子。这一刻，我突然觉得自己好自私，为了脆皮虾这样折腾爷爷。我赶快伸手将脆皮虾接了过来，顿时感觉沉甸甸的，我知道，这不是一份脆皮虾，这是爷爷对我的爱呀！是爷爷对我的一份宠溺。这一刻，我告诉自己，我要长大，不能再这样任性了。

像雌燕哺育雏燕，像母虎宠溺幼虎，爷爷永远都对我有无限的宽容。爷爷的爱，不像母爱那样细腻，但是这种爱让我每天都感觉暖洋洋的。我突然意识到，不能利用大人的宠爱而毫无顾忌地使小性子了。

那一刻，我长大了。

💡 **点评：**

小作者讲述了自己成长过程中印象最深的一件事，经过写得非常清楚，能把自己受到触动、感到长大的那个瞬间写具体，记录了当时最真实的感受。人物的语言、神态、动作、心理活动等描写细致生动，极具画面感。那一刻，你的确长大了！老师为你的成长点赞！

指导老师：豆爱霞

三合小学六年级一班　汪天泽

爱好：运动、看书

104. 管道保卫战

今天，我同往常一样写完作业便洗漱睡觉，却在梦中经历了一场极其惊险的管道保卫战……

"轰、轰轰轰、轰轰"一阵噪音传来，只见一个身高数尺的怪兽正面目狰狞地在破坏运输天然气的管道。一瞬间，我被吓得惊慌失措跑了起来，跑着跑着，我突然意识到，管道运输的是天然气，而天然气若被不当使用会发生大爆炸，将引起灾难。于是，我立马转身跑了回去。在路上，我遇到了许多人，他们和我一样，也意识到如果不阻止怪兽，人类社会有可能面临一场巨大的灾难。于是，我们决定齐心协力，一起拯救这个世界。

我们先找到了管道的入口，启动了天然气运输管道上的"暂停运输"功能，再唤醒了管道守卫者——与怪兽一样高大的坦克大巨人。战斗力几乎相同的他们一会儿打上了天，一会儿打下了地，又打到了月亮上……一直打了三千三百三十三个回合，管道守卫者才将那只怪兽打败了。我们都在为管道守卫者的胜利而欢呼，同时也为成功保护了管道的我们而欢呼。

💡 点评：

　　首先，文章缺少一篇文章必不可少的部分——标题；其次，全文存在多处基础的语言错误，如错别字、语句不通顺、病句等，这些基础错误大多是由于粗心所导致的，请写作者先反思自己的写作态度是否认真；最后，文章的大部分内容都与主题管道运输无关，已经严重偏题，需要进行较大的修改。

　　　　　　　　　　　　　　　　　　　　　　　　指导老师：杨　琴

三合小学五年级一班　刘雨婷

爱好：美术、读书

105. 神奇的管道

我的家乡有一条非常神奇的管道，这条管道从1998年开始筹备，直到2003年才开始正式建设，2012年顺利竣工。总长度为4200千米的运输管道，起点为塔里木盆地的轮南，终点为上海，东西横贯了9个省区，是西部大开发的标态性建设工程，我们每天上学都要经过这条神奇的管道。

这条管道最神奇的功能就在于它能解决成千上万户居民家庭用气的难题。自从管道建设完毕，家家户户都用上了方便、安全又洁净的天然气，再也不用为住高楼而发愁了。

在未来，这条管道将被我们新一代青年建设得更加神奇，四通八达地贯穿全球各地。它能把我们带到世界上的任何一个角落，只要使用者进入管道，发出指令，不消片刻就可以被这神奇的管道送到目的地。当我想去美国看自由女神，当我想和名侦探柯南一起探案，当我想跟熊大熊二一起保护森林……管道运输如阿拉丁神灯般神奇，通通都能帮我实现。除了地球，我们还可以拓展管道运输的宇宙版图，突破科技的极限，让管道把我们运送到水星、土星、海王星上，满足人类千百年来征服宇宙的梦想。

我们是祖国的新一代少年，我们不仅有责任建设好未来的运输管道，而且有有义务保护好管道。在做到不让违法分子破坏管道，做到防火、防开挖的同时，我们也可以畅想未来世界的管道，为神奇管道的建设贡献自己的想法。

点评：

　　写作者利用自己的奇思妙想，就西气东输的管道运输展开了叙述。文章在结构上跳跃性较大，事实情况的讲述和描写幻想中的管道运输的语言相互混杂，建议前半部分用于表述事实情况，后半部分展开想象。另外，写作者的语言基础不够扎实，文章存在较为严重的语句叙述不通顺、错别字现象，需要注意。

指导老师：杨　慧

三合小学五年级一班　廖彬昕
爱好：读书、音乐

106. 我心中的管道运输

在我们日常生活中，一提到"管道"二字，大家总会觉得管道是笨重的、不便利的，但就是这样笨重的管道为我们的生活带来了不少便利。

众所周知，天然气是一种完美的清洁能源，既能够提供能量，又对环境友好无害。国家经过多方努力建设了一个"西气东输"的天然气管道运输项目，通过运输管道，将天然气从西中源源不断地运输到东部南部去，输送到千家万户。管道运输不仅可以运输气体，还能运送石油、水等液体我不禁想，随着科技的发展，如此神通广大的管道运输会渐渐发展成一种人们出行的交通工具吗？就这样，我进入了梦乡……

梦中的我来到了管道世界，多亏了纳米材料的广泛生产，这里的管道不再笨重，有着极薄的管道壁。每条管道都有三米高，足以保证世界上最魁梧的人的乘坐需求。我走进管道内部，先是在显示屏上输入了我的第一个目的地——日本。不消片刻，我便观赏到了成片的樱花和壮丽的富士山。紧接着我键入了第二个目的地——北京，我在那里登上了长城，饱览了祖国的大好河山。待我游览过东亚风情，我又命令管道带我游玩世界的其他地方，我来到了巴黎，在这里看到了埃菲尔铁塔，又去了非洲，看到了埃及的金字塔……

这就是管道，和我们日常生活息息相关的管道，可以运输任何东西的管道，可以到达任何地方的管道。我相信在未来，我心中的管道一定能实现！

点评：

　　首先，小作者从感官角度为我们呈现了管道的特征：笨重、不便利，但笔锋一转，管道虽笨重却为生活带来便利，欲扬先抑。其次，小作者充分运用想象，想象未来的管道不再笨重，还可以作为交通工具，周游世界。最后，提一点小建议，作文第二段写道"天然气是一种完美的清洁能源"，"完美"一词运用不太恰当，可以换成"相对清洁""相对卫生"等词语，建议小作者多阅读，增加词汇量，这样写作时才能更加得心应手。

指导老师：杨　慧

七里河小学五年级一班　马唯瑄

爱好：美术、游泳、主持、音乐

107. 我的乐园——图书馆

乐园，顾名思义，就是快乐的园地。那大家的乐园都是什么地方呢？是生机勃勃的校园？繁花似锦的公园？还是惊险有趣的游乐场？现在，大家来猜一猜我的乐园是什么吧？那是比大海还广阔，比宇宙还浩瀚的地方。图书馆里蕴藏着华夏上下五千年的文明，收集着世界无数的奇迹，解读着世间万物的奥秘。在这个乐园里，无论你提出什么问题，它都会给你准备好答案。无论是天文地理，还是娱乐时尚；无论是耳熟能详的经典，还是冷门生僻的知识，你都可以通过阅读迅速获取。

在我的乐园中，有两套书让我爱不释手，分别是《博物馆里的中国》和《阿笨猫》。《博物馆里的中国》，作者对小读者这样说：这里有文治武功，那是帝王家国情仇的展示；这里有锦文绣章，那是文臣治国安民的情怀；这里有纵横驰骋，那是武将横刀立马的沙场；这里有小桥流水，那是画家精神家园的归宿；这里有神思泉涌，那是诗人天马行空的轨迹；这里有古玩玲珑，那是匠人奇思妙想的结晶。博物馆里的世界令人流连忘返，值得我们慢慢走、慢慢赏、慢慢读、慢慢品。冰波的《阿笨猫》则带我徜徉在一个个神奇的世界里，有可爱的阿笨猫，有神奇的外星人，也有它们之间令人啼笑皆非的趣事。跟着它们，我体会着科幻的神奇，感受着科学的魔力。是的，我的乐园就是这样充满魅力。

　　每次妈妈带我去图书馆，我都会读得废寝忘食。妈妈每次叫我，我都压根儿听不见。因为我早已沉醉在书海里，我太喜欢我的乐园了！当然，我家里也是一个小型的乐园，因为妈妈给我买了好多书。我的小伙伴们第一次来我家，都会面对一墙的书发出惊叹声。

　　"文化存则国家生"。图书馆不但是文献信息资源的集散地，传播文献信息资源的枢纽地，更是文化传承的圣地，遨游在这样的乐园，是一件让人无比幸福、无比感动的事情。我喜欢我的乐园！

点评：

　　小作者是个十足的小书迷！本篇习作结构完整，首尾呼应，通过描述自己读书的真实体验来表达对"乐园"的喜爱之情。"博物馆"里的世界令你流连忘返，"阿笨猫"则带你徜徉在一个个神奇的世界里。遨游在书籍的海洋里的你的确收获颇丰。愿你在这座充满智慧的乐园里，收获更多的知识与快乐！

指导老师：豆爱霞

国家管网集团西气东输公司天然气管网示意图

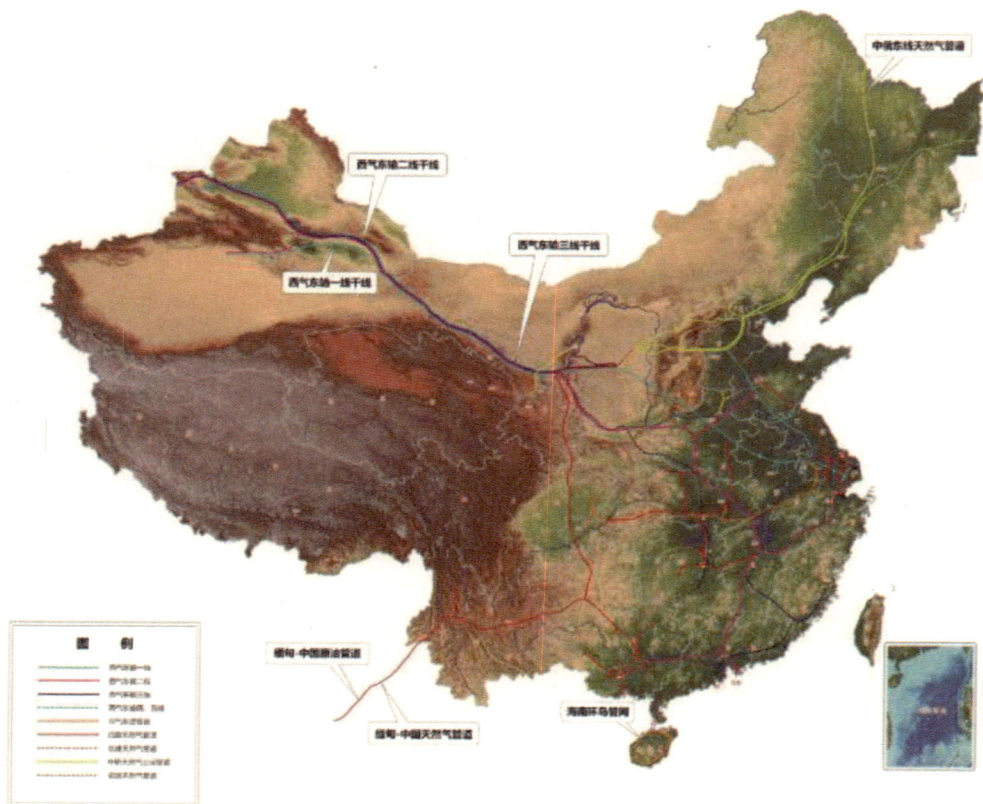